供应链金融

李光福◎著

企业管理出版社
ENTERPRISE MANAGEMENT PUBLISHING HOUSE

图书在版编目（CIP）数据

供应链金融 / 李光福著 . — 北京：企业管理出版社，2023.11

ISBN 978-7-5164-3031-6

Ⅰ . ①供…　Ⅱ . ①李…　Ⅲ . ①供应链管理 – 金融业务 – 研究 Ⅳ . ① F252.2

中国国家版本馆 CIP 数据核字（2024）第 026933 号

书　　名：供应链金融
书　　号：ISBN 978-7-5164-3031-6
作　　者：李光福
策　　划：杨慧芳
责任编辑：杨慧芳
出版发行：企业管理出版社
经　　销：新华书店
地　　址：北京市海淀区紫竹院南路 17 号　　邮编：100048
网　　址：http://www.emph.cn　　电子信箱：314819720@qq.com
电　　话：编辑部（010）68420309　　发行部（010）68701816
印　　刷：北京亿友创新科技发展有限公司
版　　次：2024 年 4 月第 1 版
印　　次：2024 年 4 月第 1 次印刷
开　　本：710mm × 1000mm　1/16
印　　张：11.75 印张
字　　数：212 千字
定　　价：59.00 元

前　言

所谓供应链金融，是指从供应链整体出发，整合物流、资金流、信息流等信息，在真实交易背景下，构建供应链中占主导地位的核心企业与上下游企业一体化的金融供给体系和风险评估体系，提供系统性的金融解决方案，以快速响应供应链上企业的融资、结算、财务管理等综合需求。

供应链金融已成为当今经济金融领域的热门话题。在服务中小微企业融资、支持构建现代化流通体系、稳定产业链供应链、支持稳企业保就业和实体经济提质增效方面，供应链金融都发挥了非常积极的作用。

2017 年，国务院办公厅印发《关于积极推进供应链创新与应用的指导意见》，将供应链发展上升为国家战略，这也是国家首次为供应链金融的发展指明方向。近年来，国家层面和地方政府有关部门出台了多项鼓励和支持供应链金融发展的政策，有力促进了供应链金融的创新和健康发展，中国的供应链金融发展迎来了新的机遇。

除了政策扶持和市场需求外，金融科技也是供应链金融蓬勃发展的重要助力，云计算、大数据、人工智能、区块链和物联网等先进技术和新兴科技有助于解决供应链金融业务发展的痛点。如今的供应链金融已发展成为一个开放、共生、相互融合的大生态，通过产业生态和金融生态的深度融合，有力促进了产业发展和金融创新。

本书共十一章，首先介绍了与供应链金融相关的概念和业务环境，还分析了供应链金融的典型模式，并且从科技角度分析了互联网时代金融科技在供应链金融中的运用，接着从制造业、贸易流通领域、物流企业、电子商务领域、商业银行等多个角度分析了供应链金融在各个产业情景中的表现和作用，进一步探讨了供应链金融的风险管理，最后对供应链金融的未来发展进行展望。

在撰写本书时，笔者参考了来自企业界、学术界和金融界的专家学者意见和大量实践经验，以确保本书内容的权威性和实用性。希望读者通过学习本书，能够掌握供应链金融的基本原理和应用方法。愿这本书能成为读者学习和应用供应链金融知识的指南，引领读者在这个充满机遇和挑战的领域收获满满！

由于供应链金融业务处于不断创新与探索过程中，理论与实践也都处于不断探索与完善之中，同时笔者能力有限，书中难免有不足之处，欢迎广大读者批评指正，让我们共同为推进供应链金融发展贡献一份力量。

目 录

第一章　供应链金融概述

第一节　供应链金融的发展背景

一、供应链金融在国外的发展

金融起源于西方。最早的金融业起源于公元前2000年巴比伦寺庙和公元前6世纪希腊寺庙的货币保管和收取利息的放款业务。公元前5世纪至公元前3世纪雅典和罗马先后出现了银钱商和类似银行的商业机构。1580年，世界上最早的银行意大利威尼斯银行成立。1694年，按资本主义原则组织起来的股份银行——英格兰银行成立。

西方国家的金融市场起步较早，伴随着资本市场逐渐发展壮大，商业交易活动越来越频繁，资金在宽裕方和紧缺方流动融通，供应链金融及其他诸多金融工具陆续诞生。

（一）萌芽阶段

供应链金融的萌芽阶段是19世纪初。在这个阶段，供应链金融业务模式非常单一，主要进行存货抵质押贷款业务。在沙皇俄国时代，当时的农民在谷物价格较低时，会将收获的谷物抵押给银行获得贷款，将银行贷款资金投入后续的生产和生活，而当谷物的市场价格回升后，就会卖出谷物归还银行本金利息，当时的农民就是使用这种方式来实现资金的流动性。

（二）发展阶段

供应链金融的发展阶段是19世纪中期至20世纪70年代。在此阶段，以应收账款作为切入点的保理业务开始出现，企业把由于赊销而形成的应收账款有条件地转让给金融机构，金融机构为企业提供周转资金，企业可以借此收回账款，加快资金周转。19世纪后期，美国东部沿海地区已经出现了不少优秀的保理公司。在此阶段的初期，相关的法规制度还不完善，保理业务经常被金融机构运用在一些流动性出现问题的企业身上，金融机构与资产评估机构进行合谋，压低一些流动性受损企业出让的应收账款和存货，然后高价出售给三方中介机构，严重扰乱了金融市场。1954年，美国《统一商法典》出台，其中明确了金融机构开展存货质押应遵循的规范。由此，供应链金融逐渐步入健康发展的轨道。

（三）繁荣阶段

20世纪80年代至今，供应链金融的业务开始繁荣起来，出现了预付款融资和保险等融资产品，全球化、多方化趋势逐步形成，在国外市场形成了“物流为主、金融为辅”的运作理念，在物流行业的参与下，供应链金融进入了快速发展时期。物流企业深度参与供应链融资，在提供产品仓储、运输等基础性物流服务之外，还为银行和中小型企业提供质物评估、监管、处置以及信用担保等附加服务，为其自身创造了巨大的新的业绩增长空间，同时银行等金融机构也获得了更多的客户和更多的收益。

二、供应链金融在国内的发展

中国的供应链金融起源于20世纪90年代银行业的实践，相对于欧美发达国家起步较晚。20世纪80年代后期，中国物流业飞速发展是国内供应链金融兴起的原因之一。随着世界经济的快速发展和现代科学技术的进步，物流产业作为国民经济中一个新兴的服务产业，正在全球范围内迅速发展。随着我国经济的快速发展和经济体制改革的不断深化，我国物流业逐渐向智慧物流发展。

改革开放40多年来，我国工业取得了举世瞩目的成就，建立了门类齐全的现代工业体系，跃升为世界第一制造大国，逐渐成为“世界制造中心”之一，大量跨国企业供应链汇集而来，吸引了大量的国际产业，并结合中国本土企业进行了诸多创新，供应链金融得以快速发展。

国内公认最早从事供应链金融的银行是深圳发展银行。深圳发展银行成立于1987年，是我国第一家向社会公众公开发行股票的商业银行。2012年，深圳发展银行正式宣布，已完成吸收并合并平安银行的所有手续，原平安银行被正式注销，深圳发展银行正式更名为平安银行。深圳发展银行地处改革开放的前沿阵地深圳，先行先试，大胆探索，摸索出了一条适合中国国情的供应链金融发展之路。

2005年，深圳发展银行先后与国内三大物流巨头中国对外贸易运输（集团）总公司、中国物资储运总公司和中国远洋物流有限公司签署了“总对总”战略合作协议，短短一年多时间，已经有数百家企业从这项战略合作中得到了融资的便利。据统计，仅2005年，深圳发展银行的“1+N”供应链金融模式就为该银行创造了2500亿元的授信额度，贡献了约25%的业务利润，而不良贷款率仅有0.57%。

我国供应链金融发展过程中对企业的授信、担保品以及抵押物的评估基本上由银行或者银行委托第三方来进行，所以我国主要的供应链金融模式是银行主导模式。从商业银行供应链金融发展情况来看，我国的供应链金融发展主要经历了以下4个阶段。

（一）供应链金融1.0阶段：线下“1+N”模式

线下“1+N”模式是我国最早的供应链金融模式，由深圳发展银行提出，“1”代表的是供应链上的核心企业，“N”代表的是供应链中核心企业的上下游企业。核心企业一般是资信较好、实力较强的大型央企或国有企业，上下游企业一般是相对处于弱势的中小民营企业。该模式的主要特征是以商业银行为主导，以大型核心企业为信用载体，为上下游企业解决融资难题。它实现了由传统银行信贷的“点对点”到“以点带链”的转变。

在现实中，中小企业尤其是中小民营企业，融资难、融资贵、融资慢的问题长期难以解决。银行出于风险考虑，往往给中小企业的授信额度较小。商业银行能够利用核心企业的信用外溢和风控优势，批量开发与核心企业相关的上下游企业，提高银行获客能力，同时也在一定程度上降低银行的信贷风险。在实践中，该模式操作的难点在于核心企业的确权，核心企业往往处于强势地位，若核心企业不配合确权，则该模式很难推行下去。

（二）供应链金融 2.0 阶段：线上“1+N”模式

随着现代互联网技术的发展，线下模式逐渐转变为线上模式，大大提高了工作效率。借助互联网技术手段将供应链各参与主体连接起来，包括核心企业、上下游企业和相关服务商等，从而实现企业信息的线上流转。

（三）供应链金融 3.0 阶段：平台化“N+1+N”模式

随着互联网、大数据和云计算等技术的深度融合，供应链金融加速发展，实现了“由链到网”的重大转变。在这一阶段，供应链金融服务商通过搭建综合性的服务平台“1”来为平台上的中小企业“N”提供融资服务。借助现代信息技术，平台引入了物流、银行、保险、信托、咨询等服务机构，打造了一个跨区域、跨部门、跨链条的供应链生态圈，为中小企业提供更全面的金融服务。

中征应收账款融资服务平台是由中国人民银行征信中心牵头组织，并由下属子公司中征（天津）动产融资登记服务有限责任公司建设运营的，旨在促进应收账款融资的信息服务平台。该平台于 2013 年 12 月 31 日上线运行，通过为资金供需双方提供迅速、便捷、有效的应收账款融资信息合作服务，促成融资交易的达成。该平台主要适用于一般市场主体购销所产生应收账款的融资业务。应收账款债权人、债务人及资金方注册为平台用户，通过平台在线开展应收账款融资业务，实现合同和账款信息的上传、融资申请的发送、质押或转让通知的发送与查看、动产融资登记信息的便捷登记等业务操作。中征应收账款融资服务平台强化科技赋能，打造线上融资新模式，大大提高了中小企业的融资效率。

（四）供应链金融 4.0 阶段：万物互联的智慧模式

随着区块链、物联网、人工智能等技术的逐渐落地，万物互联的时代已经到来，在这个阶段，供应链金融是智能化的、数字化的、效率极高的。智慧供应链是结合物联网技术和现代供应链管理的理论方法和技术，在企业中和企业间构建的实现供应链的智能化、网络化、自动化的技术与管理综合集成系统。通俗来说，智慧供应链自上而下可分为 3 个部分，包括智慧化平台、数字化运营、自动化作业。如果把智慧供应链比作人，那么智慧化平台是大脑，数字化运营是中枢，而自动化作业则是四肢。智慧供应链利用智慧化平台进行计算、思考、决策，通过数字化运营去量化供应商的供货量，并对供应商的合理价格、仓储量、入仓位置、用户喜好等做出精准预测，从而指导企业经营以及仓储运输等自动化作业。

传统供应链上的企业间存在信息孤岛，无法实现信息的有效共享，企业间还缺乏统一的信息标准、协作意识和信息共享机制，存在企业间不融合、流通渠道混乱等难题，因而整体效率很难得到提升。智慧供应链具备了以下两大特点。一是技术的渗透性更强。智慧供应链通常以互联网、云计算、大数据、人工智能等新一代信息技术作为支撑点，各个环节得到了新技术的加持。二是信息整合性更强。依托高度开放共享的智能化信息网络，智慧供应链有效解决了企业各职能部门信息系统的异构性问题，实现了商流、物流、信息流、资金流的无缝对接，从而使供应链中的信息具有更强的整合性与共享性，将金融嵌入如此智能化的供应链上，自然也就实现了金融服务的智能化。

供应链金融不同阶段对比如表 1–1 所示。

表 1-1　国内供应链金融不同阶段对比

阶　段	1.0　阶段	2.0　阶段	3.0 阶段	4.0　阶段
关键字	中心化	线上化	平台化	智慧化
参与主体	银行	供应链参与者	银行、非金融机构、电商平台、第三方支付公司、P2P 平台、供应链专业化服务公司等	银行、非金融机构、电商平台、第三方支付公司、P2P 平台、供应链专业化服务公司等
核心要素	基于存货质押 / 贸易关系的物流金融 / 贸易金融	物流、资金流、商流	结构化和非结构化多元信息	对信息进行交叉验证；提高服务主体风控能力
商业模式	传统供应链金融线下模式；以核心企业的信用作为支持	供应链金融线上化；ERP 对接供应链参与者	通过互联网技术的深度介入，打造一个综合性的大服务平台	行业细分、去中心化、实时、定制、小额；渗透整个管理运营过程
技术突破	不动产抵押、信用评级	互联网、动产抵押	云计算、三维数据风控建模	数据质押；物联网、人工智能、大数据、区块链

第二节　供应链金融的基本概念

供应链是指产品或服务从原材料的采购、生产加工，到产品配送至最终消费者手中的全过程。这个过程中包括了各种流程，例如生产计划制订、采购管理、库存管理、物流配送等，涉及多个企业之间的合作与协调，包括供应商、制造商、批发商、零售商等多种类型的企业和组织。

金融是货币流通和信用活动以及与之相关联的经济活动的总称。广义的金融泛指一切与信用货币的发行、保管、兑换、结算、融通有关的经济活动，甚至包括金银的买卖。狭义的金融专指信用货币的融通，简单地理解，金融就是资金的融通。

供应链金融（Supply Chain Finance，SCF）是信贷业务的一个专业领域（银行层面），也是企业尤其是中小企业的一种融资渠道（企业层面）。供应链金融是一种以供应链关系为基础，以实物贸易和货物流通为本质的金融服务。简单来说，供应链金融是提供金融服务的一种方式，它将货物流动和金融流动紧密结合起来，通过合理的金融工具为供应链中不同环节的企业提供融资、结算、贸易风险管理等服务。

传统金融与供应链金融是两种不同的金融模式。传统金融模式是指传统的金融机构与客户通过借贷、投资等方式进行金融交易，其主要特点是以资金流为导向，依靠信用评级、财务报表等手段评估借款人的信用状况和还款能力。而供应链金融模式是在供应链中，金融机构通过金融工具、金融服务等方式为供应链各参与者提供融资支持、风险管理等服务，其主要特点是以供应链流为导向，依靠商流、信息流等手段评估借款人的信用状况和供应链的运营情况。

传统金融与供应链金融都以满足融资需求为目标，但供应链金融更为灵活，能够为企业提供个性化解决方案。供应链金融是传统金融的升级和飞跃，两者在融资对象、融资方式、风险管理等方面存在一定差异。两者的比较如表1–2所示。

表1–2 传统金融与供应链金融总体的比较

类目	传统金融	供应链金融
授信主体	单个企业	单个或多个企业
授信条件	担保、动产抵押	动产、货权质押
融资渠道	银行	银行、其他机构
参与程度	跟踪融资企业	跟踪整个经营过程
融资的及时性	手续多、效率低	高效、及时
达到的效果	解决单个企业的融资问题	盘活整个供应链资产

续表

类　目	传统金融	供应链金融
信息披露	信息披露不充分	闭环交易、信息容易检测
风险对比	道德风险、信用风险高	企业存在业务合作关系，信用风险低，核心企业承担较高的道德风险

第三节　供应链金融的主要特征

概括起来，供应链金融有以下主要特征。

一、客户群体的多元化

与传统信贷服务的单一客户主体的特征不同，供应链金融的参与主体不仅包括传统信贷模式中的金融机构与融资企业，还涉及供应链上的多个客户主体。

二、交易封闭性

基于对资金流、物流、商流的控制，结合授信、动产抵押、质押等操作方式，整个融资过程中具有较强的封闭性。放款时，款项进入指定账户，企业每笔用款通过该账户进行监控，企业未来现金流入也回到指定回款账户，通过设置封闭性贷款操作流程来保证专款专用，借款人不能将资金用于其他用途，达到资金封闭流转的目的，从而实现风险控制。

三、还款来源具有自偿性

商品交易中的存货、预付账款、应收账款均以销售收入作为优先还款来源，还款来源有自偿性特点。供应链金融通过操作模式的设计，将授信企业的销售收入自动导回授信银行的指定账户中，进而归还贷款或作为归还授信的保证。

第四节　供应链金融的参与主体

供应链金融业务中主要包括 5 个参与主体，即交易方、平台提供方、风险管理方、流动性提供方和物流配送方。

一、交易方

所谓的交易方也就是买方和卖方。其中买方通常是大型企业或者零售商，卖方是供应商，卖方向买方提供产品或服务，并希望能够及时结款，获得融资。在供应链交易中，由于买卖双方的账期不同等问题往往导致很难做到简单的一手交钱一手交货，或者买卖双方的地位不平等，有一方在交易中处于强势地位而另一方处于弱势地位，进而交易地位强的一方为保持自身充足的现金流，往往要求先款后货或先货后款。这就形成了一个零和博弈，一场交易要么占用买方资金，要么占用卖方资产，不过最后肯定是交易地位弱的一方的资金被占用。而弱势一方要用钱，就要通过借贷获取资金。这也是供应链金融存在需求的主要原因。

二、平台提供方

平台提供方主要做两件事情。一是为参与供应链金融的各个主体提供一个互动的场所，尤其是在交易双方和金融机构之间充当平台或中介的作用。融资的需求方（交易双方）和供给方（金融机构）可以在这个平台上互动。二是收集整理以往交易中的票据、订单、财务状况等信息，为供应链融资提供决策依据。平台提供方还可以在一定程度上帮助交易双方把资料补全，包括开票、匹配、整合、支付、文件管理等操作，甚至还可以提供担保等服务。比如在电商平台上做交易，电商平台不但给双方提供了交易场所，还提供了沟通渠道。

三、风险管理方

风险管理方要做的事情是将买卖双方的资信数据、交易数据、物流数据等跟融资活动相关的数据整合起来。风险管理方首先需要对交易双方的资质进行分析和审核，然后需要整合交易中的物流数据，并甄别这些数据的完整性和可靠性。在供应链金融中，信息技术和数据分析技术是保证物流信息与融资活动完美结合的技术基础。根据交易的特点、产品的性质等情况进行数据分析，把控交易的特征以及各参与主体的行为状态，以此全面了解供应链的运行状况，控制融资风险。

四、流动性提供方

流动性提供方可以理解成资金，或者答应提供资金的一方，如商业银行、保理公司、投资公司这类提供融资服务的金融机构。流动性提供方的主要职责是直接提供贷款融资，或者为贷款融资做担保。虽然有风险管理方给它们提供了分析结果，但融资决策还是要它们自己来做。贷款放出去了能不能顺利收回来，这个过程中能不能盈利、会赚多少、会赔多少，这些责任都需要做出决策的一方来背负。

五、物流配送方

物流发生在产品的生产和销售环节之间，主要包括运输、仓储、装卸搬运等环节。这些环节交易费用巨大，但独立性强，生产企业通常为了专注于核心业务而将物流业务外包，物流行业正是在这种趋势下逐渐发展和壮大起来的。随着生产的发展和进步，企业对第三方物流公司的依赖有增长趋势，不但需要运输、仓储等基础服务，还有预付款、结算等金融增值服务需求。在供应链金融合作过程中，物流企业管理控制着作为抵质押物的客户有效资产，对客户的生产经营状况和产品销售情况比商业银行更为了解，可以帮助商业银行解决信息不对称问题，降低信贷风险。此外，物流企业可以降低银行和企业的信贷交易成本。信贷交易成本主要包括信息成本和交易成本。物流企业实地监管的便利、专业化的技能及对物流的占有性控制有效地降低了信贷交易成本。

第五节　供应链金融的运行机制

供应链金融的运行机制相当复杂，而且高度依赖供应链的各个环节，主要包括以下 3 个方面。

一、信息共享与透明是供应链金融运作的基础

在供应链金融中，各个参与方之间的信息共享对于金融机构进行风险评估和决策非常重要。通过信息共享与透明，金融机构可以全面了解供应链中的各个环节，从而更准确地评估供应链的风险和价值。信息透明也有助于提高供应链中的交易效率，降低供应链的运营成本。

二、资金流动与融资手段是供应链金融运作的核心

供应链金融主要通过实现供应链上的资金流动来支持企业的运营和发展。在供应链金融的运作过程中，金融机构可以通过供应链中的各个环节提供融资服务，例如供应商融资、经销商融资、仓储和物流融资等。供应链金融还可以通过应收账款和库存等资产进行融资，提供企业所需的流动资金。

三、风险管理与监控是供应链金融运作的保障

在供应链金融中，风险管理与监控非常重要。供应链金融的风险主要包括信用风险、流动性风险和操作风险等。金融机构需要建立适当的风险

评估和风险控制体系，对供应链中的各个环节进行风险管控，以确保供应链金融的安全和稳定运行。

第六节　供应链金融的价值创造

供应链金融作为一种金融服务方式，致力于通过整合各个环节的资金、信息流和物流，为供应链参与方创造价值。价值创造是供应链金融的核心目标之一，其具体体现在以下几个方面。

一、供应链金融可以有效解决中小企业的融资难题

传统的供应链中，由于各个环节之间资金流动不畅，导致企业常常面临缺乏流动资金的问题。中小企业融资难的问题由来已久，供应链金融的诞生也正是为了解决许多资质不足的中小企业融资困难问题。

举个例子，假设A公司向上游企业（供应商）采购原料，但是供应商不给账期，要求A公司现款支付，如果这时A公司接了一个大单，或者预测以后原料价格即将大涨，那在备料采购上A公司就会遇到资金短缺的问题；或者供应商给A公司一定的账期，但若A公司能提前结清货款，供应商会提供一定的折让，为了取得折扣，A公司又需要一大笔资金来支持。另一种情况就是A公司向下游企业销售产品，但是下游企业地位强势，会要求比较长的账期，A公司销售得越多，应收账款就会越多，长此以往，A公司自身经营的资金压力会越来越大。企业一般都会选择向银行借款，但是银行在给企业做授信时，由于企业资产缺乏、财务报表不规范、经营数据不完整，通常会被拒绝。这个时候，依托供应链体系下的核心企业，与它相关的上下游配套企业可以把核心企业的征信释放出来，只要产生了真实的订单，有了应收应付的款项，就可以通过订单来融资，而风控的方

式是对核心企业进行评估，最后实现的结果是给核心企业做授信，围绕它的中小企业拿贷款。供应链金融的实质就是依靠对供应链四流的控制，帮助企业盘活流动资产，从而解决其融资问题。

二、供应链金融能够提高供应链的运作效率

在传统的供应链中，不同环节之间的信息孤岛和信任度不高是阻碍供应链高效运作的主要因素。而供应链金融通过引入信息科技和金融手段，实现了链条上下游的信息共享和透明化，并通过信用评估、风险管理等措施提高了供应链各方的信任度。这样一来，供应链参与方能够更加准确地把握市场需求，优化生产和配送计划，从而提高供应链的运作效率。

三、供应链金融可以促进参与方的合作共赢

在传统的供应链中，企业通常只关注自己所在环节的利益最大化，一旦出现利益分配问题，很容易导致合作关系破裂。供应链金融作为一种综合性金融服务，能够为供应链参与方提供全方位的支持，包括信用担保、保险、仓储物流等，从而促进各方合作，共同分享供应链中的增值业务机会。供应链金融通过共同分享风险和利益，构建了一种互利共赢的机制，促进了供应链上各方之间的良性互动。

第二章　供应链金融的环境分析

第一节　经济环境分析

供应链金融业务的发展受宏观经济的影响较大。经济环境的不稳定性会使企业面临的风险增多，从而影响供应链金融业务的发展。对于一些新兴企业来说，其资金状况也直接影响其能否使用供应链金融这一融资方式。当前，在经济全球化、数字化、网络化发展越来越明显的背景下，企业核心竞争已由个体上升至供应链乃至整个产业生态链，共建健康的产业生态已成为全产业链发展的共识，同时也得到了各个国家的高度认同，这种情况下供应链金融的作用越发凸显。

短期来看，全球经济复苏仍面临持续挑战。2020 年至 2023 年年初，面对新冠疫情的影响和贸易保护主义的持续抬头，世界经济陷入衰退边缘，全球贸易不振。国际货币基金组织表示，全球经济复苏步伐正在放缓，各经济领域以及各地区之间的差距不断扩大，世界经济仍将面临持久挑战。虽然全球经济下行压力依然存在，但是中国良好的经济环境、金融环境、营商环境将为供应链金融的发展插上腾飞的翅膀。

长期来看，中国经济发展势不可挡。中国经济崛起的原因是多方面的，其中包括政府的积极推动，企业的创新能力提升以及劳动力市场的灵活性等。其中，中国政府在推动经济增长的过程中，积极引导产业升级，加强创新能力，推动数字经济、高端制造业、人工智能等领域的发展，使中国在全球贸易中的地位也日益重要。

第二节 法律环境分析

虽然我国法律法规越来越完善，但有时候也存在一定的滞后性，尤其是对于供应链金融行业来说，模式在不断创新，所以《中华人民共和国民法典》(以下简称《民法典》)颁布之后就出台了大量的司法解释，很多供应链金融业务都是多种模式交叉，涉及多种法律关系，最后怎么定性、适用什么法律关系，各方的意见有时就不一致。

在《民法典》出台之前，涉及供应链金融的法律主要有《中华人民共和国合同法》(以下简称《合同法》)《中华人民共和国担保法》(以下简称《担保法》)《中华人民共和国物权法》(以下简称《物权法》)等，为供应链金融业务的开展提供了法律支持。2020 年 5 月 28 日，中华人民共和国第十三届全国人民代表大会第三次会议通过《民法典》，自 2021 年 1 月 1 日起施行。《民法典》是民法的法典化，未出台之前，我国有《中华人民共和国民法总则》《中华人民共和国婚姻法》《中华人民共和国继承法》《中华人民共和国侵权责任法》和《合同法》《物权法》等民事单行法律，它们对社会经济生活的有序运行起着良好的规范作用。《民法典》将以上民事单行法律予以法典化整合，逻辑性、体系性更强，必将更有效发挥其权利保障效用。《民法典》共 7 编，包括总则编、物权编、合同编、人格权编、婚姻家庭编、继承编、侵权责任编，最后有附则。《民法典》实施后，《担保法》《合同法》《物权法》等民事单行法律同时废止。

供应链金融的稳定发展离不开国家法律的支持。在《民法典》颁布不久后，我国又出台了《担保制度的司法解释》。对于供应链金融业务来讲，其实很多风控措施落实在法律文件上就是担保，而担保制度是《民法典》重点修改的内容。下面对《民法典》中与供应链金融相关的重大制度革新予以分析说明。

一、当事人没有约定保证方式的，应为一般保证

在供应链金融中，除了以货物仓单、票据质押外，资金方一般也要求融资人或核心企业提供其他类似的担保，其中最为常见的就是保证担保。保证方式分为一般保证和连带责任保证，两者的重要区别为保证人是否享有先诉抗辩权，即债权人是否必须先行对债务人主张权利并经法院强制执行仍不能得到清偿时，方能要求保证人承担保证责任。

在《民法典》出台之前，当事人对保证方式没有约定或约定不明的，保证人承担连带责任，即债权人有权在债务到期时一并要求保证人承担连带保证责任；《民法典》实施后，对于此类没有约定，或者约定不明的保证责任，法律规定承担一般保证责任，债权人需先向债务人主张权利，在未经法院强制执行仍不能清偿前，不得直接要求保证人承担保证责任。因此，在供应链金融业务当中，对于资金方而言，为最大限度保护自身权益，建议在签订保证合同时，明确约定保证方式为连带责任保证。

二、未办理抵押登记、所有权保留登记、融资租赁登记的动产担保物权无追及效力

动产抵押合同未办理抵押登记，不影响合同效力。以动产抵押的，抵押权自抵押合同生效时设立，未经登记，不得对抗善意第三人。

根据《最高人民法院关于适用 < 中华人民共和国民法典 > 有关担保制度的解释》第五十四条规定，若动产抵押未经登记，一旦抵押人转让抵押财产，出租抵押财产，并已转移占有，抵押权都将丧失。未经登记的抵押财产，一旦被抵押人的其他债权人采取财产保全或者执行措施，抵押权的优先受偿权将无从存续。在抵押人破产的时候，未经登记的抵押财产将成为一般责任财产，由抵押人的债权人平等受偿，抵押权人将丧失优先受偿权。所以在供应链金融业务中，接受以融资方的动产抵押作为担保方式

的，资金方为了保证自己的抵押权经久不失，除了可以以抵押合同限制抵押人对抵押物的处分权外，还应该及时办理抵押登记，以防范抵押人的道德风险。

三、保理合同为有名合同

保理业务是供应链金融业务的重要形式之一。供应链融资的一种重要模式就是应收账款融资，该融资方式可能是应收账款质押、应收账款转让以及保理交易等。此前关于保理合同，《合同法》并未将其规定为一种有名合同。《民法典》将原有的“居间合同”改为“中介合同”，增加了物业服务合同、保理合同、合伙合同作为“有名合同”，正式为保理合同“正名”，赋予保理合同“有名合同”地位，表明了国家立法机关对此类合同地位的认可和重视。

《民法典》第三编第十六章专门对保理合同作了规定，与供应链金融密切相关的条款主要有以下 8 条。

第七百六十一条　保理合同是应收账款债权人将现有的或者将有的应收账款转让给保理人，保理人提供资金融通、应收账款管理或者催收、应收账款债务人付款担保等服务的合同。

第七百六十二条　保理合同的内容一般包括业务类型、服务范围、服务期限、基础交易合同情况、应收账款信息、保理融资款或者服务报酬及其支付方式等条款。保理合同应当采用书面形式。

第七百六十三条　应收账款债权人与债务人虚构应收账款作为转让标的，与保理人订立保理合同的，应收账款债务人不得以应收账款不存在为由对抗保理人，但是保理人明知虚构的除外。

第七百六十四条　保理人向应收账款债务人发出应收账款转让通知的，应当表明保理人身份并附有必要凭证。

第七百六十五条　应收账款债务人接到应收账款转让通知后，应收账款债权人与债务人无正当理由协商变更或者终止基础交易合同，对保理人产生不利影响的，对保理人不发生效力。

第七百六十六条　当事人约定有追索权保理的，保理人可以向应收账款债权人主张返还保理融资款本息或者回购应收账款债权，也可以向应收账款债务人主张应收账款债权。保理人向应收账款债务人主张应收账款债权，在扣除保理融资款本息和相关费用后有剩余的，剩余部分应当返还给应收账款债权人。

第七百六十七条　当事人约定无追索权保理的，保理人应当向应收账款债务人主张应收账款债权，保理人取得超过保理融资款本息和相关费用的部分，无需向应收账款债权人返还。

第七百六十八条　应收账款债权人就同一应收账款订立多个保理合同，致使多个保理人主张权利的，已经登记的先于未登记的取得应收账款；均已经登记的，按照登记时间的先后顺序取得应收账款；均未登记的，由最先到达应收账款债务人的转让通知中载明的保理人取得应收账款；既未登记也未通知的，按照保理融资款或者服务报酬的比例取得应收账款。

四、首次规定了动产价款债权担保权利的超级优先权

《民法典》第四百一十六条规定，动产抵押担保的主债权是抵押物的价款，标的物交付后10日内办理抵押登记的，该抵押权人优先于抵押物买受人的其他担保物权人受偿,但是留置权人除外。“超级优先权”(又称“超级动产抵押权”）是《民法典》新增的一项物权制度，其优先权效力仅落后于留置权，而优先于抵押物买受人的其他担保物权人，是约定担保物权突破法定优序规则的特例。也就是说，只要是在标的物交付后10日内办理抵押登记的担保抵押物价款的动产抵押权，其优先性仅排在留置权之后，而在该动产上设定的其他抵押权和质权，不问先后，一律排在该项超级优先权之后。债务优先受偿权需具备的条件有：抵押权必须有效存在；必须是债务人履行期限届满；债权人未受清偿；债务未受清偿不是由于债权人造成的。超级优先权只适用于动产抵押权，不适用于不动产抵押权；所担保的债权是该抵押物的购买价款；抵押标的物交付后10日内双方要办理抵押登记。

五、应收账款债权人可以以现有的以及将有的应收账款质押融资

《民法典》第四百四十条规定，债务人或者第三人有权处分的现有的以及将有的应收账款权利可以出质。与《物权法》相比，《民法典》多了“现有的以及将有的”这样的描述。在应收账款质押中，多出现争议的是应收账款债权本身的真实性问题以及将有的应收账款质押的质权实现问题，对此，《民法典担保解释》第六十一条进行了细致规定。在供应链金融业务实操中，一定要落实好应收账款的真实有效性，谨防欺诈风险。

第三节　政策环境分析

发展供应链金融是推进供给侧结构性改革、增强金融服务实体经济能力的重要抓手，打造良好的供应链金融生态体系有助于实现金融机构和实体企业的共赢。供应链金融的持续健康发展，事关中小企业的融资问题，党中央多次下发文件向各省传达供应链金融体系构建和金融风险防范等方面的内容，结合各省所处的地理位置、经济结构和历史条件等情况，促使各省积极探索、寻求经济发展新突破，这些政策文件为供应链金融发展提供了制度保障和政策红利。供应链金融行业的发展离不开国家政策的支持，现将近年来国家有关部门和地方各级政府相继出台的关于支持供应链金融健康发展的相关指导意见梳理如下。

一、国家层面供应链金融政策

（一）《关于积极推进供应链创新与应用的指导意见》

2017 年 10 月，国务院办公厅印发《关于积极推进供应链创新与应用

的指导意见》（国办发〔2017〕84 号），“供应链金融”一词第一次在国家政策中出现。该意见提出，鼓励金融机构依托制造业产业链核心企业，积极开展应收账款质押贷款、保理等各种形式的供应链金融业务，有效满足产业链上下游企业的融资需求，推动供应链金融服务实体经济，并有效防范供应链金融风险。

（二）《关于开展供应链创新与应用试点的通知》

2018 年 4 月，商务部、工业和信息化部、生态环境部、农业农村部、中国人民银行、国家市场监督管理总局（以下简称市场监督总局）、中国银行保险监督管理委员会（以下简称银保监会）、中国物流与采购联合会等 8 部门联合发布《关于开展供应链创新与应用试点的通知》（商建函〔2018〕142 号），提出通过试点，打造“五个一批”，即创新一批适合我国国情的供应链技术和模式，构建一批整合能力强、协同效率高的供应链平台，培育一批行业带动能力强的供应链领先企业，形成一批供应链体系完整、国际竞争力强的产业集群，总结一批可复制推广的供应链创新发展和政府治理实践经验。通过试点，现代供应链成为培育新增长点、形成新动能的重要领域，成为供给侧结构性改革的重要抓手，成为“一带一路”建设和形成全面开放新格局的重要载体。

（三）《中国银保监会办公厅关于推动供应链金融服务实体经济的指导意见》

2019 年 7 月，银保监会向各大银行、保险公司下发《中国银保监会办公厅关于推动供应链金融服务实体经济的指导意见》（银保监办发〔2019〕155 号）。该意见要求，银行保险机构应依托供应链核心企业，基于核心企业与上下游链条企业之间的真实交易，整合物流、信息流、资金流等各类信息，为供应链上下游链条企业提供融资、结算、现金管理等一揽子综合金融服务。该意见指出，银行保险机构在开展供应链金融业务时应坚持四大基本原则：坚持精准金融服务，以市场需求为导向，重点支持符合国家产业政策方向、主业集中于实体经济、技术先进、有市场竞争力的产业链链条企业；坚持交易背景真实，严防虚假交易、虚构融资、非法获利现象；坚持交易信息可得，确保直接获取第一手的原始交易信息和数据；坚持全面管控风险，既要关注核心企业的风险变化，也要检测上下游链条企业的风险。

（四）《关于规范发展供应链金融，支持供应链产业链稳定循环和优化升级的意见》

2020 年 9 月，中国人民银行、工业和信息化部、司法部、商务部、国资委、市场监管总局、银保监会、国家外汇管理局等 8 部门联合发布《关于规范发展供应链金融，支持供应链产业链稳定循环和优化升级的意见》，提出 23 条政策要求和措施，稳步推进供应链金融规范发展和创新。该意见首次明确，供应链金融是指从供应链产业链整体出发，运用金融科技手段，整合物流、资金流、信息流等信息，在真实交易的背景下，构建供应链中占主导地位的核心企业与上下游企业一体化的金融供给体系和风险评估体系，提供系统性的金融解决方案，以快速响应产业链上企业的结算、融资、财务管理等综合需求，降低企业成本，提升产业链各方价值。

（五）《关于开展全国供应链创新与应用示范创建工作的通知》

2021 年 3 月，商务部等 8 单位联合发布《关于开展全国供应链创新与应用示范创建工作的通知》，要求提高供应链管理水平，强化供应链创新引领，拓展供应链专业服务，积极布局全球供应链，推动供应链绿色发展，加强供应链风险防范；鼓励金融机构积极发展流程型、智能型供应链金融业务，为上下游企业提供基于供应链的授信、保理、结算、保险等金融服务。

（六）《关于做好跨周期调节进一步稳外贸的意见》

2022 年 1 月，国务院办公厅印发《关于做好跨周期调节进一步稳外贸的意见》。该意见明确指出，要鼓励大型骨干外贸企业向金融机构共享信息，加强合作，推动大型骨干外贸企业为上下游企业增信，在真实交易的背景下，引导金融机构向大型骨干外贸企业的上下游企业提供供应链金融产品。

（七）《关于金融支持浙江高质量发展建设共同富裕示范区的意见》

2022 年 3 月，中国人民银行、银保监会、证监会、国家外汇管理局、浙江省人民政府联合发布《关于金融支持浙江高质量发展建设共同富裕示范区的意见》，强调要加大对先进制造业的供应链金融支持，依托链上核心企业，整合物流、信息流、资金流等信息，鼓励金融机构为产业链供应链提供结算、融资和财务管理等综合金融解决方案，引导期货公司及其子公司提升对产业链供应链企业的风险管理服务质效。该意见指出，探索通过发展农业供应链金融、强化利益联结等方式，依托核心企业提高小农户和新型农业经营主体融资可得性，加大对农产品冷链仓储物流、电商服务等生产性服务业发展的金融支持力度。

（八）《关于开展“一链一策一批”中小微企业融资促进行动的通知》

2023 年 8 月，工业和信息化部、中国人民银行、国家金融监督管理总局、证监会、财政部等 5 部门联合印发《关于开展“一链一策一批”中小微企业融资促进行动的通知》。该通知提出，围绕制造业重点产业链，建立“政府—企业—金融机构”对接协作机制，摸清产业链上中小微企业名单，了解企业融资需求，鼓励金融机构结合产业链特点，立足业务特长，提供有针对性的多元化金融支持举措，优质高效服务一批链上中小微企业，持续提升中小微企业融资便利度和可得性，加大金融支持中小微企业专精特新发展力度。一是鼓励银行业金融机构重点满足链上中小微企业生产运行、数字化转型、技术改造和设备更新、国际市场开拓等方面的融资需求。二是发挥政府性融资担保体系作用，引导政府性融资担保机构加强对符合条件的链上小微企业融资增信支持。三是摸排链上中小微企业上市意愿，建立上市企业后备库，联合证券交易所、全国股转公司等专业机构，对入库企业进行批量“诊断”，研判企业上市、挂牌成熟度，协助企业找准板块定位，实施“靶向”改进。四是规范发展供应链金融，鼓励银行业金融机构通过应收账款、票据、订单融资等方式加大对产业链上游中小微企业信贷支持。

二、地方层面供应链金融政策

（一）深圳市供应链金融政策

2019 年 1 月，深圳市出台了《关于促进深圳市供应链金融发展的意见》（深府金发〔2019〕7 号），成为全国首个市级供应链金融专项政策。该意见力争在以下 3 个方面营造良好的政策环境。一是更注重完善供应链金融的基础设施。由深圳市金融稳定发展研究院发起设立供应链金融研究中心，开展前瞻性技术攻关，建设全市供应链金融公共服务平台，规划全市供应链金融示范区或产业园，持续完善适合供应链金融发展的基础设施条件，形成有影响力的供应链金融先行区。二是致力于营造促进供应链金融发展的优良生态环境。供应链金融的健康发展高度依赖完整的生态体系，所涉及的市场主体众多，需要各类相关配套条件的协同支持。三是注重政策对供应链全链条、全周期的完整覆盖。在参与主体方面，全面覆盖供应链上核心企业、上下游各环节中小微企业、多种类型的金融机构、各种配套服务机构等各类主体；在经营周期方面，从供应链金融前期所需的机构专业化经营、产品及风控标准制定，到业务开展中各方合作机制优化，再到资产形成后的资产流转与再融资、全过程的风险控制等，均提出了相关意见。

深圳作为我国改革开放的窗口、试验田、排头兵和示范区，金融创新活跃，是国内供应链金融的发源地和集聚地。除了有一大批积极发展供应链金融的金融机构以外，深圳还拥有全国 80% 以上供应链管理服务企业的总部，以及数量众多、类型丰富的供应链实体企业。各类供应链金融相关市场主体在深圳已经形成生态集聚，具备供应链金融发展的产业基础和强劲需求。

（二）北京市供应链金融政策

2022 年 8 月，北京市金融服务工作领导小组印发《北京市“十四五”时期金融业发展规划》。该规划提出，到“十四五”期末，要实现北京国家金融管理中心能级显著提升、金融服务保障首都高质量发展作用更加凸显、金融双向开放高水平推进、金融改革创新动能持续增强、金融治理体系和治理能力显著提高的目标。

该规划提出，服务强链延链补链，积极发展“产业＋金融”。

（1）发挥龙头企业和上市公司的带动作用，推动供应链金融健康发展，为产业链、供应链上下游企业提供金融支持。

（2）鼓励金融机构优化供应链金融业务流程，提供融资、现金管理等金融服务。

（3）加强北京供应链综合金融服务平台建设，支持平台与国家应收账款融资服务平台、征信系统等基础设施平台系统对接。

（4）在供应链金融、融资租赁、商业保理等产业金融中建立“企银保担”等多方合作和风险分摊机制。

（5）促进政府部门、金融机构和行业协会信息共享，共筑供应链金融风险防控机制。

（三）河南省供应链金融政策

河南省人民政府于 2021 年 12 月 31 日发布《河南省“十四五”现代供应链发展规划》。该规划提出，培育形成装备制造、食品制造等 6 个万亿级产业供应链，鼓励发展供应链金融。一是要发挥供应链核心企业关键作用。建立全省供应链核心企业名单，完善主办银行制度，鼓励金融机构加强与核心企业合作，共同开发应收账款融资、存货融资、预付款融资等现代供应链金融服务。二是要做强做优供应链金融服务机构。推动银行业金融机构发起设立供应链金融专营机构、事业部或特色分支机构，将更多信贷资源向供应链上下游中小企业倾斜。三是要提高供应链金融运行效率。

推动金融机构、供应链核心企业与各级信用信息共享平台、政务信息平台互联互通，大力挖掘“数据信用”价值，为中小企业供应链融资进行全方位“信用画像”。四是优化供应链金融发展环境。依托“信豫链”搭建省供应链金融公共服务平台，推动与动产融资统一登记公示系统、中征应收账款融资服务平台、征信系统、“信易贷”平台等深度对接、信息共享，完善供应链金融结算、监管服务体系。

第三章 供应链金融的典型模式

第一节 应收账款融资模式

应收账款融资模式是供应链金融模式中的一种重要形式，在这种模式下，供应商将其所拥有的应收账款转让给金融机构或第三方服务平台，以获取相应的资金支持。这种模式的出现主要是为了解决供应商经营资金短缺的问题，提高其资金周转效率。

应收账款融资模式的优势主要表现在以下 3 个方面。一是该模式能够提供给供应商相对较低的融资成本和更加灵活的融资方式，相对于传统的银行贷款等方式更具竞争力。二是该模式能够帮助供应商解决资金周转问题，提高其现金流量，加速回款，进而有利于供应商的生产经营。三是该模式可以降低供应商的不良资产风险，提高其资信度，从而获得更多的商业机会。

一、保理融资

（一）保理的含义

在 2014 年由中国银行业监督管理委员会公布的《商业银行保理业务管理暂行办法》中称“保理业务是以债权人转让其应收账款为前提，集应收账款催收、管理、坏账担保及融资于一体的综合性金融服务”。债权人将其应收账款转让给商业银行，由商业银行向其提供下列服务中至少一项的，即为保理业务。

（1）应收账款催收。商业银行根据应收账款账期，主动或应债权人要求，采取电话、函件、上门等方式或运用法律手段等对债务人进行催收。

（2）应收账款管理。商业银行根据债权人的要求，定期或不定期向其提供关于应收账款的回收情况、逾期账款情况、对账单等财务和统计报表，协助其进行应收账款管理。

（3）坏账担保。商业银行与债权人签订保理协议后，为债务人核定信用额度，并在核准额度内，对债权人无商业纠纷的应收账款，提供约定的付款担保。

（4）保理融资。保理融资是指以应收账款合法、有效转让为前提的银行融资服务。

实践中，办理保理融资一般有以下 3 个条件。一是应收账款权属清楚，没有瑕疵，销货方未将其转让给任何第三方，也未对其为任何第三人设定任何质押和其他优先受偿权。二是销货方与购货方在合同中未约定应收账款不得转让的条款。三是应收账款还款期限一般应在 1 年以内，最长不超过 2 年，但对购货方信用等级在 AA 级以上，且为分期付款方式的，应收账款还款期限可延长至 3 年，当然不同保理商对还款期限可能会有不同要求，视实际情况而定。

（二）保理的分类

1. 依基础交易当事人及基础交易行为是否跨境分类

（1）国内保理（Domestic Factoring）是指基础交易当事人及基础交易行为仅限于同一国家境内，或者保理财产只限于同一国家范围内转移的保理。

（2）国际保理（International Factoring）是指基础交易当事人及基础交易行为已超出同一国家的范围，产生了保理财产在国与国之间转移的保理。国际保理可细分为进口保理与出口保理。

2. 依保理商行业管理不同分类

（1）银行保理（Bank Factoring）是指由商业银行开展的保理。

（2）商业保理（Independent Factoring）是指由非银行的商业机构开展的保理。

3. 依参与业务的保理商数量分类

（1）单保理（Single-factor Factoring）是一个保理商同时为卖方提供保理服务，向买方收取账款的保理形式。

（2）双保理（Two-factor Factoring）是一个保理商为卖方提供保理服务，另一个保理商向买方收取账款的保理形式。

4. 依是否将应收账款转让的事实通知债务人分类

（1）公开保理（Disclosed Factoring）又称公开型保理、明保理、通知保理、通知型保理，是将应收账款转让的事实通知应收账款债务人的保理。

（2）隐蔽保理（Undisclosed Factoring）又称隐蔽型保理、暗保理、不通知保理、不通知型保理，是指将应收账款转让的事实不通知应收账款债务人的保理。

5. 依保理商是否承担债务人的信用风险分类

（1）有追索权保理（Recourse Factoring）又称回购保理、回购型保理，是指保理商在一定情形下，可以要求转让人回购全部或部分已转让的应收账款，归还已支付的对价款、预付款本金，并支付利息及相关费用的保理。

（2）无追索权保理（Non-recourse Factoring）又称买断保理、买断型保理，是指保理商受让转让人的应收账款后，在发生应收账款债务人信用风险时不能再向转让人追索已支付的对价款，或者需向转让人给付相应的担保款的保理。

（三）保理融资的优势

1. 规避应收账款带来的风险

保理商（主要包括商业银行、保理公司）在核准的买方信用额度内，对于没有任何商业纠纷的应收账款，可以为企业提供最高达 100% 的买家信用风险担保，有助于企业拓展销售业务。企业可借助银行的网络和技术优势，有效了解客户的资信情况。通过银行人才、网络和系统优势，银行可以为企业提供应收账款的管理和催收，比公司职员更及时有效地完成应收账款的变现工作，清除了坏账隐患，减少了信用调查及应收账款的开支。在无追索权的保理方式下，企业可以在短期内大大降低应收账款的余额水平，节约了应收账款的机会成本、坏账成本和管理成本。

2. 减轻企业资金缺乏的压力

针对被接受保理的应收账款，银行和保理商可以按预先约定的比例(通常不超过发票金额的80%)提供即时的融资。通过应收账款融资，企业可以迅速筹措到短期资金，以弥补临时性短缺，且这种融资无须增加企业负债，而且如果企业使用得当，可以循环使用银行对企业的保理业务授信额度，从而最大限度地发挥保理业务的融资功能。尤其是对于那些客户实力较强，有良好信誉，而收款期限较长的企业来说，作用尤为明显。

二、保理池融资

（一）保理池融资的含义

保理池融资模式是与发票对应应收账款的融资模式相对而言的，即保理池融资不是根据单笔发票金额及期限来设定融资金额及期限，而是基于卖方将其对特定买方或所有买方的应收账款整体转让给保理公司，且保理公司受让的应收账款保持稳定余额的情况下，以应收账款的回款为风险保障措施，根据稳定的应收账款余额（最低时点余额），向卖方提供一定比例的融资业务。

应收账款池余额管理是开展池融资业务的基础，也是主要风险保障手段。保理池融资模式下，保理公司需实时监控客户应收账款池余额变化，保证卖方转让给保理公司的所有合格应收账款余额在任何时点按融资比例进行折扣后均能足够覆盖卖方在保理公司的保理融资余额。

（二）保理池融资的优势

1. 持续使用授信额度

保理池融资模式下，如果客户在授信有效期内任何时点均有足额应收账款余额，客户可持续使用融资额度，有利于客户进行灵活的资金使用计划。在保理池融资业务中的融资期限可长于实际交易中的付款期限，原则上融资期限最长不超过一年。

2. 减少烦琐手续

保理池融资模式下，可简化卖方客户应收账款转让手续以及逐笔提供融资申请的相关保理业务操作手续，提高业务办理的效率，有利于客户获得较灵活的操作方式。

3. 风险评估更加全面

保理池融资模式下，以控制应收账款余额为主要风险控制手段，授信的重点不再局限于客户财务报表，对信用风险的评估从对客户静态的财务数据的评估转到对整个供应链交易风险的评估。

保理池业务适合于应收账款总量大、账期短、流转快、资金回流稳健、与买方合作稳定、有融资需求的大型供应商等。对保理商来说，保理池融资比单纯的保理要复杂。当涉及多个买家的时候，它需要分别对每个买家进行甄别，买家不但要信用记录良好，还要与供应商保持长期的合作关系。更重要的是，保理商一定要确保交易的真实性，还要能追踪和监控供应商的回款情况。总之，保理商要用尽浑身解数，降低信息不对称，保证货款到期后能收回来。

三、反向保理融资

（一）反向保理的含义

反向保理是指保理商所买断的应收账款的对家是一些资信水平很高的买家。这样，银行只需要评估买家的信用风险就可以开展保理，而授信的回收资金流也直接来自买家。反向保理的实质是资信程度高的购买方为其规模较小的供应商申请的保理业务。

反向保理适用于供应链金融管理意识强且配合度高、需要加强对其上游供应商的金融支持以保障稳定安全的核心企业。核心企业一般是行业的龙头企业，具有一定的资产规模、财务实力和信用实力。对供应链上游的中小企业卖方（债权人）而言，反向保理模式的出现有助于缓解其流动资金压力；对买方（债务人）而言，采用反向保理模式可以方便管理其数额庞大的应付账款；对保理商而言，保理商更容易获得买方（债务人）对应收账款的确认，由于买方（债务人）的主动参与，这种模式能够有效降低保理机构债权退出的风险。

（二）反向保理的业务流程

（1）买方与上游供应商形成真实贸易关系，产生应收账款。

（2）买方与保理商签订合作协议，把应收账款转交给保理商，保理商对应收账款进行核查验证。

（3）保理商对其供应商进行资质核查。

（4）如果保理商对应收账款和供应商信用的核查通过，就可以向供应商提供融资，并进行应收账款管理。

（5）等到应收账款到期时，买方直接向保理商付款。

四、融资租赁保理融资

（一）融资租赁保理的含义

融资租赁保理业务是指在租赁公司向承租人提供融资租赁服务，并将融资租赁服务产生的未到期应收租金转让给银行后，银行以此为基础，在综合评价租赁公司的信用风险、经营水平、财务状况、担保安排等各项条件后，为租赁公司提供应收账款账户管理、应收账款融资、应收账款催收和承担应收账款坏账风险等的一系列综合性金融服务。融资租赁保理业务的核心是应收租金的让与，该业务具备租金期限、金额可调的特点，是现代商业银行金融业务的创新。

融资租赁保理业务适用于信用风险低、经营水平良好、财务制度健全的优质租赁公司。对于承租企业而言,承租企业通过“融物”达到“融资”,加快生产设备更新与升级，实现快速发展，盘活固定资产，调节现金流，还可享受加速折旧计提抵税的优惠政策。对于租赁公司而言，租赁公司可改善财务指标，优化财务结构。

（二）融资租赁保理的常见操作模式

融资租赁保理的常见操作模式包括一般融租保理、售后回租保理、结构性融租保理及贷款融租保理，其主要不同在于是否具有特定第三方供货方、相关合同的生效条件及时间节点等。以一般融租保理为例，其基本操作流程如下。

（1）承租方与出租方沟通融资租赁意向，一般由承租方指定特定租赁标的或提出对拟承租租赁标的的要求。

（2）出租方按照承租方对租赁标的的要求购买承租方指定或适当的租赁标的，并与供货方签署《租赁标的买卖协议》。

（3）出租方取得租赁标的所有权后，与承租方就租赁标的签署《融资租赁协议》。

（4）出租方将其对承租方享有的租金债权转让给保理方，并签署《保理协议》。

（5）出租方与保理方向承租方送达《债权让与通知》，就债权让与事宜通知承租方后该债权让与生效，一般应取得承租方的书面回复。

（6）保理方受让出租方对承租方的租金债权，并向出租方提供保理融资。

（7）若承租方未能按照约定支付租金至租赁期限届满，保理方分以下两种情况予以救济。一是有追索保理 / 担保。若出租方与保理方约定了追索权，当承租方未按照约定支付租金时，保理方有权按照约定就未收回部分保理融资款向出租方进行追偿；若供货方或其他第三方提供了回购保证或物权担保，保理方有权按照约定就未收回部分保理融资款向上述供货方或其他第三方进行追偿。二是无追索保理。若出租方未与保理方约定追索权，且任何其他第三方均未提供租金余值回购保证或物权担保的，当承租方未按照约定支付租金时，保理方仅有权向承租方进行追偿。

五、票据池融资

票据池融资是指银行接受客户委托，针对客户合法持有的商业汇票设立票据池，为其提供票据托管、票据托收、票据贴现、票据质押融资等一揽子管家式金融服务。

企业将入池票据整体作为质押，建立固定或者流动的票据池。商业银行按照入池票据的额度，在锁定还款来源的前提下，给予企业一定的授信支持。其中，固定票据池指约定票据池中票据总额度，流动票据池指约定票据池中票据额度下限。在池内票据到期之前，银行会通知客户及时补入新的未到期票据，达到约定的票据额度，形成滚动入池、滚动质押。在授信的额度上，银行会对入池的票据进行风险评估，根据承兑人等要素的不同，对票据设定不同的质押率。融资的品种可以是开立银票、信用证、流动资金贷款等，池内票据和授信产品在金额上化零为整、在期限上长短互换，解决了企业购销业务中票据收付期限错配、金额错配等问题。对于集团客户而言，部分商业银行票据池的授信额度还可以在集团企业和成员单位中共享，最大限度盘活了集团内的存量票据资产，节约了融资成本，提高了集团的竞争力。

六、出口信用保险项下融资

（一）出口信用保险项下融资的含义

出口信用保险项下融资是指外贸公司在出口货物或提供服务并办理了出口信用保险后，将保险权益转让给银行，银行向出口商提供的短期贸易融资业务。该模式普遍采用信用授信方式，出口商一般无须提供担保即可获得融资。出口商可灵活选择融资币种。融资货币既可以是人民币，也可以是出口业务的结算货币，便于企业选择，以避免汇率风险。通俗地讲，货物出运后，由于存在一定的账期，出口企业必须到应收汇日才能收回货款，这样无疑会增加企业的资金占压，延长出口周期。企业投保出口信用保险之后，出口收汇得到保障，银行就可以为货物出运后形成的应收账款提供贸易融资，提前将应收账款变现，企业就可以将其用于采购原材料、安排生产和下一次出运。

（二）出口信用保险项下融资的优势

1. 规避风险

中国出口信用保险公司承担了进口商的信用风险和进口商所在国家或地区的政治风险，出口商只需正常履行贸易合同，即可获得收汇的担保。

2. 拓宽市场

中国出口信用保险公司可为进口商提供更加便利的延期付款条件，提高自身竞争力，增强价格谈判能力，增加贸易机会，扩大市场份额。

3. 加快资金周转、改善现金流

出口商可以提前得到货款偿付，加快了资金周转速度；同时增加当期的现金流入量，从而改善财务状况，提高融资能力。

（三）出口信用保险项下融资的流程

我国出口信用保险项下融资流程如下。

（1）需要融资的出口企业在接到外贸订单后，同时向中国出口信用保险公司申请买方信用限额和向银行申请信用保险项下的出口押汇额度。

（2）银行对出口企业进行贷前调查，并根据调查结果及中国信用保险公司给予的买方信用限额确定融资额度。

（3）出口企业、中国信用保险公司、银行三方共同签署《赔款转让协议》，将保单项下赔款转让给银行。

（4）出口企业在向买方发货后向中国信用保险公司申报投保，将获得中国信用保险公司保障的应收账款转让给银行从而获得融资。

第二节　库存融资模式

一、库存融资的含义

库存是仓库中实际储存的货物，可以分为两类。一类是生产库存，即直接消耗物资的基层企业、事业单位的库存物资。它是为了保证企业、事业单位所消耗的物资能够不间断地供应而储存的。另一类是流通库存，即生产企业的成品库存，生产主管部门的库存和各级物资主管部门的库存。

企业的库存应该保持在合理水平。企业库存量过大会增加仓库面积和库存保管费用，占用大量的流动资金，又会影响资金的时间价值和机会收益，造成企业资源的大量闲置，不利于企业提高管理水平。企业库存量过小又会造成生产系统原材料或其他物料供应不足，影响生产过程的均衡性和装配时的成套性。所以企业应在保证企业生产、经营需求的前提下，使库存量保持在合理的水平，掌握库存量动态，适时适量提出订货，避免超储或缺货，同时要减少库存空间占用，降低库存总费用，控制库存资金占用，加速资金周转。

库存融资也叫存货融资，就是旨在通过将企业的存货转化为可用于融资的资产，从而提供资金支持给企业。在这种模式下，企业将存货作为抵押物，向金融机构申请融资，金融机构根据存货的价值和市场前景，提供相应的融资额度给企业，企业在获得资金后，可以用于采购原材料、扩大生产规模、补充流动资金等。库存融资模式的核心是对存货的估值和监控。金融机构需要对存货的质量、种类、市场需求等因素进行评估，确保存货的价值和流动性。同时，金融机构需要对存货进行监控，确保存货的安全和稳定。金融机构可以要求企业提供相关的存货管理文件和数据，进行核查和验证，也可以派人员到企业现场进行实地考察和检查。

二、库存融资的常见类型

（一）静态抵质押融资与动态抵质押融资

1. 基本概念

静态抵质押是货压业务中对客户要求较严苛的一种，更多地适用于贸易型客户。利用该产品，客户得以将原本积压在存货上的资金盘活，扩大经营规模。同时，该产品的保证金派生效应最为明显，因为只允许保证金赎货，不允许以货易货，故赎货后所释放的授信敞口可被重新使用，可进行滚动操作。

动态抵质押是静态抵质押的延伸产品——它是指客户以自有或第三人合法拥有的动产为抵质押，银行对客户抵质押的商品价值设定最低限额，允许在限额以上的商品出库，客户可以以货易货。该产品适用于库存稳定、货物品类较为一致、抵质押物的价值核定较为容易的客户。存货进出频繁的客户难以采用静态抵质押，可运用这类产品。该产品多用于生产型客户，对于客户而言，由于可以以货易货，因此抵质押设定对于生产经营活动的影响相对较小。特别对于库存稳定的客户而言，在合理设定抵质押价值底线的前提下，授信期间内几乎无须启动追加保证金赎货的流程，因此对盘活存货的作用非常明显。对于银行而言，该产品的保证金效应相对小于静态抵质押，但是操作成本明显小于后者，因为以货易货的操作可以授权第三方物流企业进行。

2. 操作流程

（1）企业、监管方与资金方签署《仓储监管协议》。

（2）企业向资金方缴存一定保证金，并签署相关授信协议文本。

（3）企业配合资金方落实抵押登记，监管人员落实日常监管。

（4）资金方向企业提供融资。

（5）企业申请提货前，向资金方保证金账户划付赎货款项。

（6）资金方确认收到款项后，通知监管方释放所抵（质）押的货物。

3. 操作要点

在实际操作过程中要注意以下几点。

（1）保证抵质押权合法有效。供应链金融中的存货融资，必须保证抵押权和质押权合法有效，押品足值、易变现、可监管。存货融资的第一项内容是存货担保，可以采用以下 4 种方式。一是银行自行占有质押物（质权人直接占有），即将企业的质物直接占有，如珠宝黄金首饰或者贵重物品直接提入银行的押品仓库，这种方式适用于体积小、适合银行保管的贵重物品。二是委托物流仓储方占有质押物（物流方自有库监管），第三方物流仓储方对质押物入库监管，这种方式适用于批量盘货费用相对较低的大宗商品。三是委托物流监管方租用出质方车间仓库占有押品（物流方输出监管），这种方式适用于企业就地存货质押监管。四是仅对企业存货进行浮动质押，并进行监管，这种方式适用于高信用资质企业的存货抵押。

（2）确保存货监管到位。存货融资的重要内容是存货监管，包括以下内容。第一，设定质押率。保证融资敞口不高于企业最低存货货值的一定比例，如 50% ~ 70%。由于出库造成存货量减少，或者市价降低造成货值不足，当动态存货少于抵质押率要求时，必须补充保证金或者补货。从这个意义上来看，存货融资又被称为核定最低库存动态抵质押融资。当核定的最低库存数量不动时，多余部分可以随时增减。这种融资方式适合连续正常生产需要一定存货库存的供应链节点企业。第二，满足监管条件。对前述第二至第四类质押方式，通过物理区分封闭、建立出入库关口、电子栅栏监控、智能测量等手段，在保证企业存货正常出入库的同时，满足抵质押最低库存监管。第三是建立台账定期巡查。银行通过金融科技平台与企业的企业资源计划（Enterprise Resource Planning，ERP）系统或者仓库管理系统（Warehouse Management System，WMS）对接，与监管方的管库系统对接，实行线上线下定期查库查台账，保证账实相符，目前的金融科技手段已经可以实现线上化巡查。

（3）抵质押品变现。由于法律规定禁止流押流质，并且物流方输出监管实际上并未实现质物的物理转移，缺乏对押品的实际控制，所以押品变现必须包括以下内容。一是原材料的供应链上游协议回购，即事先签订原材料供应商在押品协议处置时的回购条件，如打折 80% 回购等，回购方应该是供应链核心企业。二是产成品的供应链下游折价购买，如打折 80% 出售给买方等，买方应该是供应链核心企业。三是对易变现的大宗商品事先设置处置变现价格与条件，保证在市场上快速变现。

存货融资在以往的实践中存在诸多问题，主要是押品处置变现难、输出监管方式难以控货等。实践中经常出现的企业强行拦货不让处置，或者企业强行控制监管人员强制出货，就是因为这种单独点对点的存货抵质押融资，背离了供应链金融的原则，没有将存货置于供应链中进行增信和风险缓释。

在供应链金融中，非核心企业的存货融资（又称商品融资）只有与核心企业发生触发条件交易，如上游回购、下游承接等，风险才是可控的，才具有供应链金融的实际意义。而这时，存货融资被作为供应链金融的补充手段加以运用了，如厂商银保兑仓业务中经销商的存货监管、未来提货权质押（或者未来存货浮动抵押）融资业务中的销售商存货监管、汽车经销商的在库车辆监管、订单融资业务中供应商存货监管等。

4. 产品优势

（1）对于许多无法提供不动产抵押或第三方担保的中小企业，只要拥有资金方认定的可进行抵 / 质押的货物（如钢材、煤炭等），并交付给资金方指定的仓储监管公司监管，就可以从资金方获得融资，从而将原本积压在存货上的资金盘活，有利于扩大经营规模。

（2）这项业务不转移货物所有权，不影响正常经营周转。

（3）融资方式灵活多样，包括流动资金贷款，开立资金方承兑汇票、信用证、资金方保函等。

（4）企业可以根据经营需要分批赎货，无须一次性筹集大笔赎货资金。

（二）标准仓单质押授信与普通仓单质押授信

仓单质押可以分为标准仓单质押授信和普通仓单质押授信，其区别在于质押物是否为期货交割仓单。

1. 标准仓单质押授信

标准仓单质押授信是指客户以自有或第三方合法拥有的标准仓单为质押的授信业务。标准仓单是指符合交易所统一要求的、由指定交割仓库在完成入库商品验收、确认合格后，签发给货主用于提取商品的，并经交易所注册生效的标准化提货凭证。

标准仓单质押适用于通过期货交易市场进行采购或销售的客户，以及通过期货交易市场套期保值、规避经营风险的客户。对于客户而言，相比动产抵质押，标准仓单质押手续简便、成本较低。对于银行而言，标准仓单质押成本和风险都较低。此外，由于标准仓单的流动性很强，因此标准仓单质押有利于银行在客户违约情况下对质押物进行处置。

2. 普通仓单质押授信

普通仓单质押授信是指客户提供由仓库或其他第三方物流公司提供的非期货交割用仓单作为质押物，对仓单做出质背书，并由银行提供融资的一种银行产品。银行应建立区别于动产质押的仓单质押操作流程和风险管理体系。鉴于仓单的有价值证券性质，出具仓单的仓库或第三方物流公司需要具有很高的资质。

仓单质押融资流程根据仓单的性质不同而有所不同。下面以借款人使用自身在库动产仓单质押融资为例，其流程如下。

（1）借款人与物流企业签订《仓储协议》，经物流企业审核确认接收后，物流企业向借款人开具专用仓单。借款人同时向指定保险公司申请办理仓储货物保险，并指定第一受益人为银行。

（2）借款人向银行申请贷款。

（3）银行对申请进行审核，审核通过后，借款人、银行、物流企业三方签订《仓单质押贷款三方合作协议书》。仓单出质背书交银行。

（4）借款人与银行签订《银企合作协议》《账户监管协议》，规定双方在合同中应履行的责任。

（5）仓单审核通过后，在协议、手续齐备的基础上，银行按约定的比例发放贷款到监管账户上。

（6）借款人履行约定的义务，将销售回收款存入监管账户。

（7）银行收到还款后开出分提单，物流企业按银行开出的分提单放货，直至借款人归还所有贷款，业务结束。

第三节　预付账款融资模式

一、预付账款融资的基本概念

预付账款融资是指以买方与卖方签订真实贸易合同产生的预付账款为基础，银行为买方提供的、以其销售收入作为第一还款来源的短期融资业务。预付账款融资是经营规模、市场地位及行业信誉不足的经销商在向供应商采购货物时，被上游供应商要求支付预付账款而自身能力不足以支付时向银行申请贷款产生的融资需求。

二、预付账款模式的优势

（一）预付账款模式能够满足供应商的资金需求

在传统的贸易活动中，供应商需要事先支付一定成本用于生产和制造商品，随后才能向采购方提供商品并收取货款。而采购方常常需要一定时间才能支付货款，这会给供应商带来资金压力。而预付账款模式能够解决这个问题，即供应商事先收到一部分货款，在生产和制造过程中能够更好地满足资金需求。

（二）预付账款模式为采购方提供了更充分的保障

在供应链金融中，预付账款模式可以降低采购方的信用风险，采购方预先支付一部分货款，可以确保供应商按时提供商品，减少供应商延迟交货或质量不合格的风险，提高采购方的交易安全性。

（三）预付账款模式能够提高供应链的流动性

预付账款模式能够提前向供应商注入资金，加快现金流回笼的速度，提高供应链的流动性。同时，供应商得到预付账款后，可以更好地管理自己的资金，降低资金成本，提高经营效率。

三、预付账款融资的操作模式

（一）先票/款后货授信

先票/款后货是由存货融资进一步发展而来的，它是指买方从银行取得授信，在交纳一定比例保证金的前提下，向卖方预付全额货款；卖方按照购销合同以及《合作协议书》的约定发运货物，货物到达后设定抵质押作为银行授信的担保。

（二）担保提货（保兑仓）授信

担保提货（保兑仓）授信是先票/款后货授信的变种，也就是在买方交纳一定保证金的前提下，银行贷出全额货款给买方向卖方采购用于授信的抵质押物。随后，客户分次向银行提交提货保证金，银行再分次通知卖方向客户发货，卖方就发货不足部分的价值向银行承担退款责任。

（三）进口信用证项下未来货权质押授信

进口信用证项下未来货权质押授信是指进口商（客户）根据授信审批规定交纳一定比例的保证金后，银行为进口商开出信用证，并通过控制信用证项下单据所代表的货权来控制还款来源的一种授信方式。

（四）国内信用证

国内信用证业务是指在国内企业之间的商品交易中，银行依照买方的申请开出符合信用证条款的单据支付货款的付款承诺。国内信用证可以解决客户与陌生交易者之间的信用风险问题。

（五）附保贴函的商业承兑汇票

附保贴函的商业承兑汇票实际上是一种授信的使用方式，但是在实践中，由于票据当事人在法律上存在票据责任，构成了贸易结算双方简约而有效的连带担保关系，因此可以作为独立的融资形态存在。

第四节　供应链票据模式

一、供应链票据平台简介

为更好地服务中小企业，支持供应链金融规范发展，经中国人民银行同意，上海票据交易所（以下简称票交所）积极推动应收账款票据化，建设开发了供应链票据平台。2020 年 4 月 24 日，供应链票据平台成功上线试运行，首批参与供应链票据平台试运行的 4 家供应链金融平台中的企业覆盖制造业，软件和信息技术服务业，电力、热力生产和供应业，批发和零售业等行业。票交所公开信息显示，供应链票据平台上线当日，共有 17 家企业签发票据 17 笔，共 104.42 万元，2 家企业背书流转票据 3 笔，共 5.1 万元。

供应链票据平台依托电子商业汇票系统，与供应链金融平台对接，为企业提供电子商业汇票的签发、承兑、背书、到期处理、信息服务等功能。通过供应链票据平台签发的电子商业汇票称为供应链票据，供应链票据属于电子商业汇票。供应链企业之间产生应收应付关系时，可以通过供应链票据平台直接签发供应链票据，供应链票据可以在企业间转让，通过贴现或标准化票据融资。

供应链票据平台是推动应收账款票据化的重要措施之一，有利于企业间应收账款的规范化和标准化，优化企业应收账款结构，提高中小企业应收账款的周转率和融资可得性。票交所将在防控风险、合法合规的前提下，积极稳妥地与供应链票据平台参与机构合作，完善供应链票据平台功能，做好相关服务和技术支持工作。

二、供应链票据平台的业务流程

供应链票据平台是票交所新一代票据业务系统的组成部分，负责处理供应链票据的出票、承兑、背书、贴现、转贴现、回购、再贴现、质押、保证、追索等全生命周期业务。供应链票据平台的主要业务流程如下。

（1）企业信息注册登记。企业通过供应链平台在供应链票据平台上进行信息注册登记，票交所依托企业信息库进行核验后完成登记，各供应链平台依托其风控机制对企业身份的真实性和有效性进行认证。

（2）票据等分化签发和流转。企业间因交易行为形成应收应付关系时，可以直接在供应链票据平台上完成票据的签发和流转。

（3）票据质押融资和贴现。金融机构可以通过供应链票据平台开展供应链票据质押融资和贴现业务，为企业提供融资。

（4）票据交易。供应链票据贴现后，可以在银行间市场开展票据转贴现、回购交易和再贴现，进一步提高供应链票据的流动性。

（5）到期处理。供应链票据到期后，供应链票据平台会自动代持票人发起提示付款，承兑人通过开户机构线上划付资金完成票据结清。

三、供应链票据的应用特点

从票据签发端来看，供应链票据从源头上实现了应收账款票据化，有利于企业间应收应付关系的规范化和标准化，培育商业信用；从支付端来看，供应链票据可以在企业间转让，有利于抵消企业应收应付款，提高中小企业账款的周转率，优化企业财务结构；从融资端来看，供应链票据可以通过质押或贴现实现融资，增强了中小企业的融资可得性。

（一）票据嵌入供应链场景，企业支付更便利

在互联网、大数据、物联网等技术日新月异的数字经济时代，供应链产业链逐步呈现生态化、多元化特点，企业价值创造模式由传统线性向链条式、网络化转变。供应链票据较好地契合了纵横交错的供应链场景需求。除具备传统票据的特质外，供应链票据实现了等分化签发，如果企业通过供应链票据平台签发 1 万元票据，实质上是签发了 100 万张 0.01 元供应链票据组成的票据包，从而满足票据任意金额流转和融资的需求，大大提高了企业用票的灵活性，解决了企业持票金额与付款金额不匹配的痛点。

（二）信息透明度得到提升，中小微企业融资可得性得到提高

商业承兑汇票在破解中小微企业融资难方面具有独特优势，但受信息不对称、交易背景真实性难核验等因素影响，与银行承兑汇票相比，在流动性和认可度等方面都存在明显劣势。供应链票据通过引入供应链平台作为信息中介，并运用技术手段将供应链上下游企业之间的商流、物流、信息流、资金流等信息进行整合，形成信息“四流合一”的全产业链生态服务闭环，不仅有效弱化了信息不对称，能够更为直观、透明地反映出企业之间的真实交易关系，而且有助于畅通供应链票据流转，提升企业票据融资的便利性和可得性。

（三）信用传递更便捷，中小微企业融资便利性得到提高

供应链票据可以有效地促进链上优质企业的信用传递。供应链核心企业签发票据时，可以将其信用传导至产业链末端长尾客户，从而使链上的小微企业可以分享核心企业的优质信用。经核心企业信用背书的票据，更易于被其他企业接受，促进上下游企业之间的账期衔接，帮助企业获得金融机构更为优惠的融资。同时，基于供应链票据信息更为透明的优势，金融机构在为供应链票据办理贴现时，可以更加关注承兑人信用，提高贴现

环节审核效率，促进小额票据贴现融资。

四、供应链票据业务创新模式——“银票通”

“银票通”即供应链银行承兑汇票（以下简称银票），是指企业在票交所准入的供应链平台上，签发的承兑人为其指定的任意商业银行的商业汇票。“银票通”的诞生，对应收账款票据化和票据市场发展有非常积极和深远的影响。“银票通”产品在供应链平台和合作银行的紧密配合下，业务流程不断优化，用户体验持续提升，其在票据数字化管理、定制化功能方面的优势获得了用户的认可，有效支撑了业务覆盖面和规模的稳定增长，也推动了票据市场创新和供应链票据发展。

与新一代电子承兑汇票中的普通银票相比，“银票通”的不同点主要有以下 3 个方面。

（1）签发系统不同。普通银票需要企业在承兑行网银或网点柜台提交相关资料和办理承兑申请；而供应链银票支持企业在供应链平台向其指定的任意合作银行发起票据承兑申请，大幅降低了企业银票的管理和操作成本。

（2）可视化与流程管理不同。普通银票签发后，开票人和承兑行难以开展票据流程管理，并且随着新一代票据等分化使用后，可视化管理难度进一步提升；供应链银票由于系统设计带来的便利，整个票据流转轨迹可视、可追溯，开票人 / 承兑行在提前授权下能够实时追踪票据存续情况，进而统筹信息和资源。

（3）融资便利性不同。普通银票一般需要持票人自行向合作银行询价和匹配额度，存在一定的操作成本和信息不对称；供应链银票能够在供应链平台上获取银行融资信息和业务要求，直接发起贴现申请，信息透明且操作便捷。

对于企业来说，“银票通”数字化管理和差异化功能方面的优势，能够很好地解决应收、应付票据管理上，企业之间、企业与多个银行之间的信息不对称难题；通过一套全流程企业票据数字化管理系统，能够帮助企业统筹票据相关资源，方便商业银行组织金融服务，实现票据资产与资金的高效对接，降低企业融资成本和银行运营成本。例如企业在供应链平台签发管理自身合作的多个银行承兑的票据后，以实时地对签发票据的线上化、数字化管理为基础，整合优质金融资源定向推送给所支持的链属企业，能够很好地降低供应链整体成本，进而有助于提升产业链竞争力。

银行为什么愿意做“银票通”呢？一方面，“银票通”能够帮助银行很好地嵌入产业支付场景，在线获取交易信息和业务数据；另一方面，结合行内线上化的票据相关信贷产品系统和普惠政策，能够更经济地批量获得优质链属小微企业客户，快速扩大普惠金融服务规模和提升小微金融资产质量。

第四章　金融科技在供应链金融中的运用

第一节　金融科技及其发展

一、金融科技的内涵

金融科技英译为 Fintech，是 Financial Technology 的缩写，可以简单理解为 Finance（金融）+Technology（科技），但并不是两者的简单组合，指通过利用各类科技手段创新传统金融行业所提供的产品和服务，提升效率并有效降低运营成本。

根据金融稳定理事会（Financial Stability Board，FSB）的定义，金融科技是基于大数据、云计算、人工智能、区块链等一系列技术创新，全面应用于支付清算、借贷融资、财富管理、零售银行、保险、交易结算等六大金融领域，是金融业未来的主流趋势。

金融科技的内涵主要包括以下 3 个方面。第一，金融科技是一种以技术为核心的金融创新和变革，它利用新兴科技无缝对接金融业务，打破传统金融的局限，实现金融服务的全面升级。第二，金融科技是一种基于数据的金融模式，它通过收集、分析和应用大数据，提供个性化的金融产品和服务，满足用户不同的需求。第三，金融科技是一种协同创新的金融合作模式，它通过整合各个金融机构和企业的资源，实现金融服务的共享与合作。

金融科技的出现与金融业务的发展需求密切相关。随着信息技术的迅猛发展，金融业务的规模和复杂程度不断提升，金融机构和企业需要更快速、更精准的处理能力和风险控制能力，金融科技的发展使得金融服务可以超越时间和空间的限制，实现无缝连接和随时随地的交易。金融科技可以降低金融服务的成本，提高金融服务的可及性和普惠性。金融科技的发展为金融机构和企业提供了更多创新的方式，推动金融业务的多元化和个性化发展。

二、金融科技的分类

金融科技可以分为以下 4 个主要类别。

（1）支付类金融科技，包括移动支付、电子货币等。随着移动互联网的快速发展，移动支付已经成为人们日常消费的主要支付方式之一。

（2）信息中介类金融科技，包括金融信息服务、数据分析等。金融信息服务通过提供市场信息、投资咨询等服务，为投资者提供决策支持；数据分析则利用大数据技术对金融数据进行分析，为投资者提供精确的预测和风险评估。

（3）风险管理类金融科技，包括风险识别、风险控制等。金融科技在风险管理领域的应用主要体现在对交易风险、信用风险等方面的识别和控制。

（4）融资类金融科技，包括众筹、P2P 等。融资类金融科技通过整合社会闲置资金和企业融资需求，实现优质项目的融资。

三、金融科技的特征

金融科技的发展特征主要有以下 4 个方面。

（1）技术创新特征。金融科技通过引入新兴技术，如大数据、云计算、区块链等，改变了传统金融业务的运作方式，提高了效率和安全性。

（2）服务创新特征。金融科技在产品设计和服务提供方面注重个性化、定制化和智能化，满足了客户多样化的需求。

（3）生态创新特征。金融科技通过整合金融与科技、金融与实体经济等要素，构建了新的金融生态系统，促进了产业链的升级和创新。

（4）合规创新特征。金融科技在保持创新的同时，也注重合规和风险控制，加强了金融市场的稳定性和可持续发展性。

四、金融科技的发展

金融科技的发展动因主要有3个方面。一是信息技术的迅猛发展为金融科技的兴起提供了有力的基础。随着互联网和移动通信技术的普及，金融机构和企业能够更加便捷地进行信息交流和数据传递，从而促进了金融科技的发展。二是金融行业对高效、安全和智能化的服务需求不断增加，催生了金融科技的应用。供应链金融作为金融服务的重要领域，对金融科技的需求尤为迫切。金融科技可以通过应用大数据技术、云计算技术、区块链技术等，提供更精准、快速和便捷的供应链金融服务。三是金融监管的逐渐趋严也是金融科技发展的重要动因之一。随着金融市场的开放和国际化程度的提高，金融监管部门对金融风险和金融稳定性的要求越来越高。而金融科技的应用可以提供更有效的风险管理工具和监管手段，有助于降低金融风险，保障供应链金融的稳定和安全。

金融科技行业的“掘金热”，吸引了很多“慕名而来”的打工人。从中国金融科技发展来看，国内金融科技发展时间较短，存在较大的市场缺口。大部分金融机构及互联网公司纷纷借着传统行业数字化转型、资产数字化的关键时期进入金融科技产业，为我国金融科技产业注入新活力。

我国金融科技产业生态体系主要由金融企业、科技企业、金融监管机构、行业协会和研究机构组成。其中，金融企业主要是运用云计算、大数据、人工智能和区块链等先进技术，提供创新金融服务。科技企业主要是为金融企业和金融监管机构在客服、风控、营销、投顾和征信等领域，提供云计算、大数据、人工智能和区块链等技术服务。金融监管机构主要是依据国家相关政策法规，对提供金融科技服务的企业进行合规监管。行业协会和研究机构主要是进行金融科技产业研究，推动行业交流和标准制定，促进金融科技应用成果的经验分享和互动交流。金融科技产业链上游是科技企业，为金融企业等提供技术支持，金融科技产业本体企业即包括金融企业、金融监管机构、行业协会和研究机构等，下游即是需要各种金融服务的个体或企业。

2022年1月，中国人民银行印发《金融科技发展规划（2022—2025年）》。该规划依据《中华人民共和国国民经济和社会发展第十四个五年规划和2035年远景目标纲要》制定，提出新时期金融科技发展指导意见，明确金融数字化转型的总体思路、发展目标、重点任务和实施保障。该规划着重解决金融科技发展不平衡、不充分等问题，推动金融科技健全治理体系，完善数字基础设施，促进金融与科技更深度融合、更持续发展，更好地满足数字经济时代提出的新要求。

第二节　金融科技在供应链金融中的具体运用

一、大数据技术在供应链金融业务中的运用

大数据技术是金融科技领域的重要组成部分，它是通过采集、存储、管理和分析海量、复杂的数据来获取有价值的信息和洞见的一种技术。

大数据技术可以提供更准确、全面的供应链金融数据。在供应链金融业务中，各个环节产生的数据量非常庞大，传统的手工处理方式效率低下且容易出错。而大数据技术可以通过自动化的方式对数据进行采集、清洗、整理和存储，实现对供应链金融数据的全面、准确的记录和管理。通过对大数据的分析，供应链金融机构可以发现潜在的风险因素，及时预警和处理。

大数据技术可以提供更精准的供应链金融风险评估。传统的风险评估主要依靠人工经验和历史数据，存在主观性和局限性。而大数据技术可以通过分析大量实时数据和非结构化数据，结合机器学习和人工智能算法，建立更准确、全面的风险评估模型，这使得供应链金融机构能够更准确地

判断各个环节的风险，并采取相应的措施进行风险控制。

大数据技术可以提供更高效的供应链金融反欺诈和数据共享机制。传统的供应链金融业务中，信息不对称和信任问题是制约业务发展的重要因素。而大数据技术可以通过构建供应链金融风险共享平台，通过数据的标准化和共享，实现供应链金融业务各方的信息对称。大数据技术可以通过建立反欺诈模型和实时监测系统，提高供应链金融业务的风险识别和防控能力。

二、云计算技术在供应链金融业务中的运用

云计算技术是一种基于互联网的计算、存储和服务模式，在信息技术领域发展迅猛。它利用网络的高带宽、高性能和强大的计算能力，为用户提供便捷、高效、可靠的计算和存储服务。云计算技术的主要特点包括弹性扩展、按需分配资源、虚拟化管理和自服务能力。在供应链金融业务中，云计算技术发挥着重要的作用。

（1）云计算技术可以提供强大的数据存储和计算能力，为供应链金融的业务处理和决策提供支持。例如，供应链金融涉及大量的交易数据、供应商信息、采购需求等，使用云计算技术可以实现数据的集中管理和共享，方便各参与方的数据交换和处理。

（2）云计算技术可以根据实际需要进行弹性扩展，根据交易数量的增加或减少自动调整计算和存储资源的分配，提高了供应链金融的业务处理效率。

（3）云计算技术具有虚拟化管理和安全隔离的特点，可以实现对不同用户和不同业务之间的数据进行隔离和保护，防止数据的泄露和篡改。

（4）云计算技术可以为供应链金融的业务创新和拓展提供支持。云计算技术提供了一种灵活、高效的 IT 基础设施，可以帮助企业和金融机构快速搭建和部署供应链金融平台，实现业务的创新和拓展。例如，利用云计算技术，供应链金融可以实现线上线下的融合，提供更加便捷和灵活的供应链金融服务。

（5）云计算技术还可以实现数据备份和灾备恢复功能，确保数据的安

全性和可用性。

三、区块链技术在供应链金融业务中的运用

区块链技术作为一种新兴的金融科技，具有多种功能，包括去中心化的数据存储和交换、防篡改性、数据的透明性和可追溯性，以及智能合约等。这些功能为重塑供应链金融模式提供了技术支持和保障，有助于提高交易的效率、安全性和信任度。

（1）区块链技术的基本特征，即去中心化、安全可信、透明共享、不可篡改等特点，可以有效解决供应链金融中的信息不对称、信任问题。区块链技术将所有参与方的交易信息都以区块的方式存储在链上，不同参与方可以通过共同维护的分布式账本，实现交易记录的可追溯性和公开透明。因此，区块链技术可以有效提高供应链金融的信息安全和信任度。

（2）区块链技术在供应链金融中的应用可以提供更为高效的交易流程和减少交易成本。通过区块链技术，供应链中的多个环节可以实现实时信息共享和实时交易，从而大大缩短了交易周期和流程。在传统的供应链金融中，由于参与方众多，信息传递和确认需要耗费大量的时间和成本，而区块链技术的应用可以实现交易信息的自动确认和执行，从而提高了交易的效率和安全性。

（3）区块链技术可以有效解决供应链金融中的信贷风险问题。利用区块链技术，可以建立供应链金融的信用评估体系，实现供应链中各参与方信用信息的共享和传递。传统的供应链金融中，由于信息不对称和信任问题，经常出现信用评估不准确、风险无法评估的情况。而区块链技术的应用可以实现供应链中交易信息的公开透明，使得参与方的信用状况可以被准确评估，从而有效降低信贷风险。

四、物联网技术在供应链金融业务中的运用

物联网技术是指通过物理设备、传感器、软件和网络互联等手段，实现设备、物品、人员之间的互联互通和信息交换的技术。

（1）物联网技术可以实现对供应链中各个环节的实时监控和追踪，提高供应链金融的风控能力。在物品和设备上安装传感器，可以实时、精确地获取物品的位置、状态和运输信息。这样，金融机构就可以更好地把控供应链金融风险，有效提高风险控制的准确性和实时性。

（2）物联网技术可以实现供应链金融中的信息共享和协同管理。通过物联网技术，供应链中的各个参与方可以共同监控和管理物品的流动情况，共享实时的数据和信息。这样，金融机构就可以更好地了解供应链中各个环节的情况，提高供应链金融的风险管理能力，并促进供应链金融的协同发展。

（3）物联网技术可以实现供应链中数据的自动化采集和处理。通过物联网技术，企业和金融机构可以实现供应链中数据的自动化采集和处理，减少人工干预的错误和滞后性，提高数据的准确性和时效性。这样，金融机构就可以更好地利用数据分析和挖掘技术，提高供应链金融的决策水平和风险控制能力。

五、人工智能技术在供应链金融业务中的运用

人工智能是一种模拟、增强和扩展人类智能的科学和工程，涉及各种方法、技术和工具。供应链金融领域的人工智能技术主要包括预测分析、机器学习和自然语言处理等方面的应用。预测分析技术能够实时监测和分析大量的数据，通过对历史数据的分析，可以更加准确和可靠地预测未来的供应链金融风险，提供决策支持和预警机制。机器学习技术可以通过构建模型和算法，快速发现异常和风险，自动进行数据分析和决策优化，提高风险控制的效率和准确性。自然语言处理技术可以通过对文本数据的处理和分析，提取有用的信息，辅助风险控制决策。人工智能技术的应用可以帮助供应链金融企业实现风险控制的智能化和自动化，能够自动化执行和调整风险控制策略，提高风险的识别和应对能力。

金融科技之间存在着紧密的联系。各种技术之间的协同作用，可以实现风险的多角度控制和全链条监管，提高供应链金融风控的整体效能。各种技术之间的融合应用可以实现更高效的供应链金融管理。

第三节 金融科技解决供应链金融痛点分析

一、票据真实性问题

传统的票据交易中存在着伪造、篡改等问题，给供应链金融的安全带来了威胁。金融科技可以通过多种手段增强票据真实性的控制，其中的一项重要技术是区块链技术。区块链技术通过将票据信息以区块的形式进行记录和交易，可以实现票据的真实可信，一旦信息被登记，便无法被篡改，有效避免了传统票据交易中的伪造和篡改问题。

与此同时，利用人工智能技术的相关算法也可以对票据信息进行智能识别和验证，提高票据真实性的检测效率。对票据的文字、图片等元素进行分析和比对，可以准确识别伪造的票据，从而保证票据的真实性。

二、交易真实性问题

由于供应链金融涉及多个参与方，交易过程较为复杂，往往容易出现虚假交易、假冒交易等问题。在传统的供应链金融模式中，由于信息不对称和信任缺乏，很难准确识别交易的真实性，从而导致风险的增加和效率的降低。

利用大数据技术和人工智能技术可以对交易数据进行全面、快速的分析，识别出异常交易和风险交易。利用区块链技术可以实现交易数据的去中心化存储和公开透明，确保交易的真实性和可信度。利用物联网技术可以实现对交易中涉及的物流、仓储等环节的实时监控和追踪，提供交易的真实性证明。

三、货物真实性及动态监管问题

供应链金融涉及多个参与方，其中货物的真实性及动态监管是供应链金融风控中的重要问题。传统的监管方式存在较大的局限性，难以实现对货物的实时监测和控制。

物联网技术通过将传感器等设备连接到货物上，实现对货物的实时监测和数据采集。利用物联网技术，可以对货物的位置、温度、湿度等信息进行实时监控，确保货物的安全和质量。利用区块链技术可以实现货物信息的实时共享，不同参与方可以共同查看和验证货物信息，提高监管的效能和透明度。

四、交易过程可溯源且防篡改问题

传统的供应链金融中，交易信息的可信度和安全性常常受到质疑，交易数据容易被篡改，导致交易的真实性难以确定。

利用区块链技术可以实现交易过程的可溯源。在供应链金融中，利用区块链技术可以记录和存储每一笔交易的信息，包括交易主体、交易金额、交易时间等，确保交易数据的真实性和完整性。区块链技术还可以提供交易数据的溯源功能，可以准确追溯每一笔交易的来源和流向，加强对交易过程的监管和控制。物联网技术可以增强交易过程的防篡改能力。通过物联网设备的安装和数据传输，金融机构可以实时采集交易数据，避免数据被篡改的风险。

第四节 金融科技在供应链金融业务中面临的挑战

一、技术层面

（一）网络安全风险

网络安全风险主要指的是在金融科技应用过程中，由于网络系统的漏洞或不当使用而导致的信息泄露、黑客攻击、数据篡改等问题。网络安全风险的存在给供应链金融的安全性和可靠性带来了威胁。网络安全风险可能导致企业和金融机构在供应链金融中的信息泄露。在金融科技的应用中，大量的敏感信息被传输和存储，如果网络系统存在安全漏洞，黑客就可以获取这些敏感信息并加以利用，给金融机构和企业带来损失。

为了确保供应链金融的安全性和可靠性，需要采取有效的措施来防范网络安全风险的出现，例如，加强网络系统的安全性能、提升技术门槛和管理水平、建立完善的网络安全监管机制等。只有在网络安全得到有效保障的前提下，金融科技在供应链金融风控中才能发挥出更大的作用，为供应链金融的创新和发展提供有力支持。

（二）技术失控风险

技术失控是指技术运行出现异常或失灵，导致系统崩溃、数据丢失或被篡改等问题，进而影响供应链金融的正常运作和风险控制。

技术失控风险的出现主要源于以下 3 个方面。第一，金融科技本身具有复杂性和不确定性的特点，存在一定的风险，技术的异常运行、漏洞和脆弱性都可能导致技术的失控。第二，金融科技通常需要人员进行维护和管理，人为因素的失误和疏忽也可能导致技术的失控。第三，技术的更新换代也可能引发技术的失控。当技术更新换代过于频繁或过于迅速，企业和金融机构可能无法及时适应新技术的变化，从而导致技术失控的风险。

对于技术失控风险，供应链金融行业需要采取一系列的应对措施。首先，企业和金融机构应建立完善的技术管理和监控机制，及时发现和修复技术漏洞和问题，确保技术的正常运行和稳定性。其次，供应链金融行业应加强对技术人员的培训和管理，提高其技术素质和责任意识，减少人为因素对技术失控的影响。再次，企业和金融机构应建立合理的技术更新换代和升级机制，确保技术的平稳过渡和升级过程中的风险可控。

（三）技术融合使用问题

技术融合使用问题主要表现为不同金融科技之间的兼容性和协同性较差。由于金融科技的发展速度较快，各种技术之间的接口标准和数据传输协议尚未完全统一，导致在实际应用过程中，不同技术之间的数据交互存在困难。例如，大数据技术和区块链技术在供应链金融风险控制中都有应用的价值，但由于两者数据格式不一致，数据传输和处理的效率较低，从而影响了风险控制的实际效果。

为解决该问题，需要加强技术标准的统一和协作，提高金融机构的技术能力，调整商业模式和数据分享机制，以促进金融科技在供应链金融风险控制中的有效应用。克服技术融合使用问题，可以进一步提升供应链金融的效率和安全性，实现供应链金融行业的创新和发展。

二、企业层面

（一）新技术应用面临组织压力

随着金融科技的快速发展和应用，传统企业和金融机构在引入新技术时面临着许多组织层面的问题。新技术应用需要企业进行组织结构的调整和改变。传统企业和金融机构在引入新技术时，可能需要调整原有的组织架构和流程，以适应新技术的应用。

新技术应用还可能使企业面临着内部决策的压力。企业在引入新技术时，需要对技术的选择和应用进行决策，而这个过程可能会引发组织内部的冲突和争议。不同的部门和岗位可能有不同的利益和需求，不同的人员对新技术的看法和态度也会存在差异。新技术应用还需要企业投入一定的资源和资金。引入新技术可能需要企业购买相关设备和软件，并进行培训和技术支持，这就使企业在资源和资金的规划上面临一定的压力。

（二）供应链主体之间的协同问题

供应链金融的核心在于各个参与方之间的合作与协同，而供应链中的众多主体之间的信息沟通和协作往往面临着一系列的障碍和困扰。这些问题可能包括信息不对称、信息共享的困难、业务流程的不协调等。

在供应链金融业务中，金融机构、供应商、物流服务提供商等不同主体所拥有的信息并不对等，导致信息的不对称，降低了协同的效率和质量。供应链金融涉及多个主体之间的信息交流和共享，但由于各个主体之间的信息系统不兼容、信息安全性较低等问题存在，导致实现信息共享的难度增加。由于每个供应链主体在业务流程中扮演着不同的角色，承担着不同的责任，导致流程的协调和协同变得困难。

三、监管层面

金融科技的快速发展使得监管机构需要更新监管方式和手段。传统的监管模式主要是基于静态的监管规则和审查流程，但是金融科技的创新和变革速度远快于监管机构的审核和批准速度。因此，监管机构需要更加灵活和高效的监管模式，以适应金融科技的快速发展。

金融科技的跨界性质也给监管带来了挑战。金融科技的应用通常涉及多个领域和各种类型的金融业务，传统的单一监管部门难以有效监管金融科技的跨界行为。跨国金融科技公司的存在也增加了监管的复杂性。因此，监管机构需要加强跨界监管合作，建立跨国监管机制，提高监管的覆盖范围和有效性。

监管模式的挑战主要包括监管方式和手段的更新、跨界监管的加强、创新模式的适应和风险传递与迁移的监测和评估。面对这些挑战，监管机构需要加强监管能力和技术应用能力的提升，及时调整监管策略和手段，以促进金融科技的健康发展和供应链金融风险的有效控制。

第五章　制造业的供应链金融

第一节　制造业供应链金融概述

一、制造业在国民经济中的地位

制造业在国民经济中扮演着重要的角色。制造业是国民经济的支柱产业之一，对国内生产总值和就业率的贡献都非常大。制造业的发展水平不仅是国家经济实力的重要体现，也是国家综合竞争力的重要指标之一。

首先，制造业对国内生产总值贡献巨大。根据国家统计局的数据，近年来中国的制造业在 GDP 中的比重一直保持在 30% 以上，表明制造业是我国经济发展的重要组成部分。随着经济的发展和产业结构的转型升级，制造业在国民经济中的比重逐渐增加。

其次，制造业提供了大量的就业机会。制造业是一个劳动密集型产业，其发展直接提供了大量的就业机会。制造业的发展不仅为城市提供了大量的就业机会，也为农村劳动力转移提供了重要的出路，有效缓解了就业压力。

再次，制造业对产业结构的调整和优化起到至关重要的作用。制造业是国民经济中最主要的实体经济部门之一，对其他产业的发展起到了支撑作用。制造业企业通过创造物质和技术基础，为其他行业提供原材料和配套设备，促进了产业链的发展。

此外，制造业是我国技术创新的重要力量。制造业的发展需要依靠技术创新来提高产品质量和生产效率。通过制造业的发展，我国不断引进和消化吸收国外先进的技术和管理经验，推动了我国科技水平和创新能力的提升。

二、制造业供应链金融服务的特征

制造业供应链金融服务是以整个供应链为依托，通过金融工具和服务，为整个供应链上的成员提供融资、支付、结算、风险管理、保险等服务。制造业供应链金融服务的特征主要有以下 4 个方面。

（一）多方参与

制造业供应链金融服务的参与方包括制造商、供应商、经销商、银行、保险公司等。

（二）多种工具

制造业供应链金融服务的金融工具包括信贷、保理、票据、预付款、融资租赁、应收账款转让、贸易融资等。

（三）信息共享

制造业供应链金融服务需要各成员间共享相关信息，以降低供应链风险和运营成本。

（四）风险共担

制造业供应链金融服务中各参与方往往需要进行风险分担和保险，防范供应链中的信用风险和流动性风险等各类风险。

三、制造业供应链金融服务的创新模式

制造业供应链金融服务已经广泛应用于各个行业和领域，如汽车制造、

电子制造、机械制造等。但是，制造业供应链金融服务仍然存在诸多问题和挑战，比如制造业企业和金融机构之间信息不对称；制造业供应链金融服务中各成员间的风险共担和保险难以有效管理，导致风险集中和传导；传统的金融产品和服务无法满足制造业企业日益增长的融资需求等。为了解决制造业供应链金融服务中存在的问题和挑战，金融机构和企业需要创新和探索适应制造业供应链金融服务的新模式。

（一）利用物联网技术推动制造业供应链金融服务创新

物联网技术的应用可以帮助制造业企业建立智能化的供应链管理系统，实现对供应链数据的实时监控和分析。金融机构可以通过对供应链数据的分析，实现对企业的信用评估和风险管理，以及创新金融产品和服务。

（二）多元化的金融服务产品和渠道

金融机构可以通过多元化的金融服务产品和渠道，满足不同制造业企业的融资需求。比如小额贷款、公开市场融资、私募股权、商业保理、融资租赁等。

（三）金融与实体经济深度融合

金融机构需要加强与实体经济的深度融合，深入了解制造业企业实际的生产和经营情况，在此基础上提供量身定制的金融产品和服务。

（四）创新金融工具和保险产品

金融机构可以通过创新金融工具和保险产品，为制造业企业提供更加灵活和具有创新性的金融服务。比如，根据供应链合同和订单推出特定的融资产品，以及推出如“天气险”“货物运输险”等特定的保险产品等。

第二节 供应链金融对制造业企业的影响

一、制造业企业生产效率提升

（一）产能利用率提升

制造业企业的供应链金融在产能利用方面起到了重要的提升作用。通过供应链金融的资金支持，制造业企业能够更好地优化其生产环节，提高产能的利用效率。传统的制造业企业在生产过程中往往需要大量的资金来支持原材料的采购、设备的购置和工人的工资等，而供应链金融的引入可以通过资金的快速流转来缓解资金压力，从而增强企业的生产能力。

（二）生产周期缩短

在传统的生产加工企业中，由于资金周转不灵、流动性不足等问题，导致生产周期较长。通过供应链金融方式的运用，企业可以解决资金短缺的问题，从而缩短生产周期。首先，供应链金融可以提供资金支持，使企业能够及时采购原材料和生产所需的设备，减少传统融资所带来的时间延迟。其次,供应链金融可以缩短企业与供应商之间的付款周期,形成预付款、货到付款等灵活的付款方式，节约采购环节的时间。

（三）产品质量提升

通过供应链金融的应用，制造业企业可以实现产品质量的提升。首先，供应链金融可以改善企业的资金状况，充分的资金保障可以提高生产加工过程的稳定性，减少因资金短缺而导致的生产问题，从而保证产品的质量。其次，通过供应链金融的支持，企业可以更好地与供应商协商并实施严格的供应商管理措施，确保原材料的质量和供货的及时性。此外，供应链金融还可以帮助企业实现供需匹配，减少库存积压，从而提高产品质量。通过供应链金融的支持，企业可以根据市场需求情况灵活调整生产计划，避免过量生产导致的库存积压问题。

二、制造业企业资金运作优化

（一）资金利用率提高

资金利用率是衡量企业资金运作效率的重要指标，对于制造业企业来说，通过供应链金融的应用，可以有效提高资金利用率。传统的融资模式往往需要企业提供抵押品或者担保，并限制了企业资金的流动性和使用范围。供应链金融通过实时协同和信息共享，可以帮助企业更加精准地预测销售和生产情况，避免资金过度占用和闲置，进一步提高资金利用率。

（二）资金周转加快

供应链金融可以加快资金周转速度，进一步提高资金利用率。制造业企业在供应链金融的支持下，可以实现更快的销售和收款，同时也能够更加迅速地采购和支付，从而缩短企业的资金周转周期。

（三）现金流管理优化

现金流是企业生产经营中的一个重要指标，也是评判企业健康状况的重要依据。通过供应链金融的支持，制造业企业可以更好地管理现金流。例如，通过供应链金融机构提供的现金管理服务，企业可以更加合理地安排资金的流入和流出，避免资金流动的不稳定性，进一步加快资金的周转速度。

三、制造业企业经济效益提升

（一）收入和利润增加

通过供应链金融的支持，企业可以实现生产效率的提升和资金运作的优化，从而增强企业的盈利能力。同时，企业在市场竞争中获得的竞争优势也将带来收入和利润的增加。通过与供应链金融机构的紧密合作，企业可以更好地满足市场需求，提升产品质量，增强创新能力，增加市场份额，从而实现经济效益的提升，进而带来收入和利润的增加。

（二）竞争能力增强

通过与金融机构的合作，企业能够获得更多的金融资源和支持，在市场竞争中占据更有利的位置。企业可以利用供应链金融来实现差异化竞争，通过更快的产品交付和更好的产品品质来满足市场需求，从而获得更高的市场份额和销售收入，从而增强企业在市场上的竞争能力。

第三节　中小制造业企业融资约束分析

融资约束是指企业在融资过程中遭遇到的各种限制和困难。中小制造业企业面临着许多融资约束问题，影响了它们的生存和发展。由于中小制造业企业规模小，资产和财务状况相对较弱，使得它们在融资过程中面临较高的信用风险和信息不对称的问题。这导致了银行等金融机构对其融资申请的审批更加谨慎和严格，增加了中小制造业企业获得贷款的难度。

一、中小制造业企业的融资约束原因

中小制造业企业的融资约束原因主要包括以下 4 个方面。

（一）中小制造业企业存在信息不对称的问题

由于中小制造业企业规模较小、知名度较低，与金融机构的信息互通存在障碍，金融机构往往难以全面了解中小制造业企业的经营状况和信用情况。这导致金融机构对中小制造业企业的融资风险感知较高，不愿意向中小制造业企业提供充足的融资支持。

（二）中小制造业企业的抵押品相对有限

相比大型制造业企业，中小制造业企业在资产规模、抵押品种类和价值方面存在较大差距。一些中小制造业企业往往只有固定资产或存货可以作为抵押品，而金融机构对这些抵押品的价值和流动性存在较大疑虑，这限制了中小制造业企业的融资渠道。

（三）中小制造业企业的财务状况相对脆弱

由于市场环境不稳定和行业竞争压力较大，中小制造业企业的经营状况容易受到影响而产生波动。一些中小制造企业往往存在盈利能力不足、现金流紧张等问题，这进一步增加了金融机构对其融资风险的担忧。

（四）中小制造业企业管理水平和信用记录有待提升

一些中小制造业企业在管理方面存在不足，缺乏规范的财务报告和审计制度，这使得金融机构难以评估其信用风险。一些中小制造业企业存在信用记录不良的情况，例如逾期还款或违约行为，进一步降低了金融机构对其融资能力的信任。

二、缓解中小制造业企业融资约束的机制分析

（一）优化信息共享，确保真实可靠

供应链金融通过建立多方合作关系，改善中小制造业企业与金融机构之间的信息流动。传统的融资方式往往基于中小制造业企业与单一金融机构之间的关系，信息的交流和共享受到限制，而供应链金融通过构建供应链上下游企业、金融机构和其他服务机构的协作平台，促进了信息的共享和流通。中小制造业企业可以通过供应链金融平台向相关方共享自身的经营信息，金融机构可以更加全面地了解中小制造业企业的信用状况，从而更加准确地评估中小制造业企业的风险。

供应链金融通过技术手段提高了信息的可信度和可靠性。通过应用区块链等技术，供应链金融可以对中小制造业企业的交易和交割进行记录和

追踪，确保信息的真实性和可信度，这种技术手段有效地降低了信息不对称可能带来的风险，提高了金融机构对中小制造业企业的信任度，为中小制造业企业提供更加便捷和优惠的融资服务。

（二）节约交易成本，提高融资效率

首先，供应链金融通过建立信用评级体系、企业间的信任机制，以及对信息技术的运用，可以实现企业之间的信息共享和协同管理，从而降低交易成本。其次，供应链金融可以提高中小制造业企业的融资效率。传统的融资方式往往需要企业提供抵押品或担保，而这对于中小企业来说是一项较为困难的要求，往往会受到融资约束的限制。而通过供应链金融，中小制造业企业可以利用整个供应链上的资金流实现融资，充分发挥供应链上各个环节的资金价值，提高中小企业的融资效率。

（三）控制融资风险，提升资信水平

制造业供应链金融通过控制融资风险，提升中小制造业企业的资信水平；通过整合上下游利益相关方的信息和资源，减少信息不对称风险；通过建立风险控制机制，降低企业的融资风险。这些机制的引入和应用，能够有效地提升中小制造业企业的资信水平，进而促进中小制造业企业的可持续发展。值得注意的是，尽管供应链金融可以提升中小企业的资信水平，但仍需要进一步完善相关的制度和政策，加大监管力度，以确保供应链金融发展的健康与可持续性。

第四节　制造业的供应链金融解决方案

制造业是一个偏技术和资金密集的行业，从产品研发到原材料采购，再到生产加工销售等，整个产业链条相对较长，所以每一个节点或环节里

都有与金融相关的种种诉求。分上下游两种情况来看，在上游的场景链条里，可以把对应供应链金融的场景延伸到上游采购的过程中，比如核心企业需要上游的合作供应商排产期间的诉求、供应商生产期间的存货、后期应收账款、最后的结算等；下游场景涉及经销或分销，经销商在采购环节中可能会有相关的融资需求，并且如果有金融产品来做支撑的话，可以快速解决核心企业在直销环节中的痛点。

制造业企业上下游供应链金融方案包括应收账款融资、融通仓业务和保兑仓业务等多种模式。应收账款融资模式是一种常见的供应链金融方式，它通过将企业的应收账款作为质押物，向金融机构借款来筹集资金。这种模式相对灵活，适用于资金周转紧张但订单量较大的制造业企业。下面重点介绍另外两种业务模式，即融通仓业务模式和保兑仓业务模式。

一、融通仓业务模式及运作原理

融通仓业务作为一种供应链金融模式，旨在解决制造业企业在上下游供应链中的融资问题。其主要原理是通过仓储公司提供的融通仓服务，将制造业企业的存货转移至融通仓库中，并将存货质押给金融机构，以获取资金支持。融通仓业务的运作机制相对较为简单，下面将对其运作原理进行具体分析。

制造业企业将其存货交由仓储公司进行管理，仓储公司负责对存货进行仓储、保管和管理，并制作存货清单。仓储公司与金融机构签订协议，将存货授予金融机构进行质押。这样一来，金融机构就可以以质押物为担保，向制造业企业提供相应的融资支持。由于存货已经处于融通仓库中，金融机构在提供融资的同时也能够更好地控制风险。

制造业企业在销售存货时，可以通过还款等方式将融资款项还给金融机构，一旦还款完成，存货的质押也将被解除，制造业企业重新获得对存货的自由支配权。值得注意的是，融通仓业务的运作过程中需要仓储公司、制造业企业和金融机构之间进行良好的合作与沟通，以确保整个业务的顺利进行。

二、保兑仓业务模式及运作原理

保兑仓是保证承兑、安全承付的仓库。保兑仓业务模式又称卖方担保买方信贷模式，实质上是仓单质押融资。保兑仓业务模式适用于经营规模大，产品市场占有率较高的企业，涉及货物具有用途广、易变现、价格稳定、波动小、不可消耗、不易变质、便于保全等特点。

保兑仓产品是制造业企业常用的一种供应链金融产品。其优势非常明显，对于买方而言，可以解决全额购货的资金压力和资金周转问题，通过批量订货和预付货款的结算方式可以获取更加优惠的采购价格，由此降低企业成本；对于卖方而言，能够减少应收账款占用，加速资金周转，解决产品积压和销售渠道问题，促进贸易合作，提前确定销售规模，扩大市场份额，提高企业收益，稳固客户关系，同时减少银行融资，降低资金成本；对于银行而言，能够扩宽业务渠道，获取丰富的服务费及可能的汇票贴现费用，同时掌握提货权。

保兑仓业务模式的基本流程是在企业向银行交纳一定的保证金后，银行先开出银行承兑汇票交给企业，企业凭借银行承兑汇票向供应商采购原材料，将原材料评估后交付给仓储企业入库存储，仓储企业将制成的仓单交付企业质押给银行，银行在银行承兑汇票到期时将汇票兑现，将款项划拨给原材料供应商。

在采用保兑仓业务模式时，需要把握以下 3 个风险点。一是对于供应商来说，其风险来自下游企业的失信和经销不力。在银行承兑汇票到期后，如果买方交纳的保证金余额低于银行承兑汇票的金额时，即买方不能完全实现销售，则卖方就必须将银行承兑汇票与保证金的差额部分以现款支付给银行。二是对于银行来说，存在合同上下游合谋骗贷的可能。虽然买方向银行交纳了一定的保证金，供应商对差额进行了担保，但是银行主要掌握的是提货权，认为其是物权还是债权也存在一定争议。三是货物质量风险。银行应与第三方物流企业实现信息共享，确保货物信息的流通。

第五节　制造业的供应链金融案例分析

本节以中国银行在装备制造业的供应链金融服务为例，进一步说明供应链金融在制造业的应用情况。

中国银行在装备制造业的供应链金融服务方面具有较为丰富的经验和广泛的业务范围。该银行为装备制造业企业提供全方位的金融服务，包括资金供应、信用风险担保、信息服务和结算服务等。

一、产品应用方面

在装备制造行业中，中国银行的供应链金融业务通过提供多样化的产品来满足企业的融资需求。

（一）应收账款融资产品帮助企业解决资金周转难题

通过将企业的应收账款作为质押物，中国银行为企业提供流动资金，帮助企业及时支付供应商款项，促进供应链的稳定运作。这一产品的应用效果显著，有助于增加企业的现金流，并降低企业的融资成本。

（二）存货融资产品解决企业存货积压问题

通过将企业的存货作为质押物，中国银行为企业提供融资支持，帮助企业及时调整存货结构，降低企业的库存风险。这一产品的应用不仅减轻了企业的资金压力，还提高了企业的运营效率，为企业创造了更多的价值。

（三）保理融资产品解决企业坏账风险问题

通过向企业提供保理融资和风险管理服务，中国银行帮助企业规避坏账风险，提高经营安全性。这一产品的应用能够增加企业的现金流，改善企业的资金状况，为企业的可持续发展提供保障。

二、风险管理方面

在装备制造业的供应链金融服务中，风险管理是至关重要的一环。在装备制造业的供应链金融服务中，信用风险、市场风险和操作风险是需要重点关注的风险。

（一）信用风险管理

在供应链金融中，涉及多个环节的企业，一些中小型企业由于资金短缺或经营不善，其信用状况相对较差。这就需要银行在供应链金融服务中加强对企业的信用评估，确保贷款资金能够安全回收。

（二）市场风险管理

由于装备制造业市场波动较大，企业的经营状况可能会受到市场因素的影响。中国银行通过与装备制造业企业建立紧密合作的关系，能够及时了解市场动态，从而降低市场风险。在风险管理中，中国银行还需要进一步加强市场监测和预测，及时调整供应链金融服务策略，以应对市场波动。

（三）操作风险管理

装备制造业涉及的环节较多，涉及的操作也较为复杂。中国银行通过与各环节企业建立良好的合作关系，能够有效降低操作风险。但是，由于不同环节的企业规模、管理水平和资金状况存在差异，操作风险仍然存在。因此，在风险管理中，中国银行需要加强对不同环节企业的管理，提高其操作水平，减少操作风险。

三、增值服务方面

中国银行为装备制造业企业提供了一系列增值服务，如信用担保、信息服务、结算服务等。

（一）信用担保

中国银行为装备制造业企业提供了一系列的担保服务，包括信用证担保、保函担保和银行承兑汇票担保等。这些服务可以帮助企业解决在合作、交易和融资过程中面临的信用风险问题，增强企业的信用和合作能力。

（二）信息服务

中国银行通过建立和完善供应链金融信息平台，为装备制造业企业提供了多层次、多角度的信息服务。企业可以通过该平台获取供应链各个环节的信息，包括供应商、生产企业和分销商等。这些信息可以帮助企业及时了解市场动态、优化供应链管理，并提高企业的运营效率，增强企业的竞争力。

（三）结算服务

中国银行为装备制造业企业提供了便捷的结算渠道和灵活的结算方式。企业可以通过银行的电子银行系统进行结算操作，实现线上线下资金的快速流转和结算的高效化。同时，中国银行还为企业提供了跨境贸易结算服务，支持企业开展国际贸易和跨境投资。

第六章　贸易流通领域的供应链金融

第一节　贸易流通领域供应链金融的发展

一、贸易流通领域供应链金融发展现状

贸易流通领域是指商品流通和为商品流通提供服务的产业，主要包括批发和零售贸易业、仓储业、交通运输业和贸易平台等。贸易流通是联结生产与消费的中间环节，是工农、城乡和地区之间经济联系的桥梁和纽带，是社会化大生产的重要环节，是决定经济运行速度和效益的引导性力量。

贸易流通企业因技术含量低、行业利润低、进入门槛低、普遍缺乏抵押等造成其在银行融资方面始终处于劣势地位。贸易流通企业本身行业竞争压力较大，其生存及发展的战略主要以量取胜，即走“薄利多销”的经营模式。而资金对于贸易流通企业来说相当于人的血脉，起到至关重要的作用，但是由于金融机构出于风险考虑，使得针对贸易流通企业信贷资金的扶持难以落实，使得贸易流通企业很难获得应有的资金支持，供应链金融正是顺应了贸易流通企业强烈的融资愿望应运而生。

贸易流通领域的供应链金融在近年来得到了较快的发展。一是供应链金融为贸易流通领域提供了更加高效的融资方式。通过打通供应链中的金融环节，采取订单融资、应收账款融资等形式，供应链金融可以为贸易流

通企业提供灵活的资金支持，加快企业资金周转，解决企业的融资难题。二是供应链金融的发展为贸易流通企业提供了更好的风险控制手段。传统的金融机构在对企业融资时往往只重视企业的信用状况，而容易忽视供应链产业中的风险因素，而供应链金融通过对供应链环节的管控，能够对企业的整个业务链进行风险评估，提供全方位的风险控制服务，从而降低企业的经营风险。三是供应链金融的快速发展也为贸易流通领域带来了更大的创新和发展空间，不断涌现的供应链金融产品和服务丰富了企业融资渠道，促进了贸易流通企业的升级与转型。尤其是基于大数据、人工智能等新技术的应用，为供应链金融提供了更加丰富的创新可能性。可以预见，贸易流通领域的供应链金融在不久的将来将继续保持快速发展的态势，为贸易流通企业提供更好的融资和服务支持。

二、贸易流通领域供应链金融面临的问题与挑战

贸易流通领域的供应链金融在不断发展的同时，也面临着一些问题与挑战，概括起来主要有以下 4 个方面。

（一）应对多样化贸易流通需求存在一定的局限性

传统的供应链金融模式主要围绕企业和银行之间建立的融资关系，而缺乏对供应链其他环节的深入融资支持，这导致了供应链不同环节的资金流动不畅，无法满足多方需求的快速融资。

（二）在信息互通方面还存在一些亟待解决的问题

在传统的供应链金融模式下，信息流通主要依赖纸质文件和传统业务流程。这种方式存在信息不对称、传递延时等问题，使得供应链各环节之间的信息传递不够及时和准确，这不仅增加了融资方的风险，也限制了供应链金融的发展和应用范围。

（三）不同合作主体之间存在信任协同问题

供应链涉及多个环节和多个参与主体，每个参与主体都有各自的利益

诉求。在这样的复杂关系中，各方之间的信任度不高，往往难以建立良好的合作关系，这影响了供应链金融的有效运作，也会对资金流动和风险控制造成一定的影响。

（四）面临着法律法规方面的挑战

供应链金融涉及不同地区、不同国家之间的贸易和金融活动，因此需要适应和遵守各个国家的法律法规。这涉及合同约定、支付结算、跨境合规等方面的问题，如果不能满足相关法律法规的要求，将会对供应链金融的发展带来一定的限制。

三、贸易流通领域的供应链金融发展策略

在贸易流通领域，供应链金融的发展策略起到至关重要的作用。为了促进供应链金融的良性发展，以下 4 点策略可供参考。

（一）搭建信息共享平台和合作网络

供应链金融的发展需要各方的合作与配合，企业应该与供应商、分销商、金融机构等建立稳固的合作伙伴关系，通过共享信息、资源和风险，提高供应链金融数据的可信度和准确性，提高整个供应链金融的效率和透明度，实现供应链金融的高效运转。建立信息共享平台和合作网络可以帮助各方更好地了解供应链中的资金流动和产品流向，降低信息不对称带来的风险。

（二）有效运用现代信息技术手段

信息技术在供应链金融中发挥着重要的作用。采用创新的信息技术手段，可以实现供应链各环节的信息共享和流通。例如，通过电子数据交换、区块链等技术手段，实现供应链金融的自动化和智能化管理，降低操作风险和成本。

（三）注重风险管理与控制

贸易流通领域的供应链金融管理需要建立合作保障机制，以实现风险的分担和共担。建议各个供应链参与方在签署合同时明确风险责任的分配，确保风险在合理的范围内得以分散。此外，建议建立供应链金融保险机制，为供应链中的各方提供保障，降低不可预测因素带来的风险。

（四）鼓励创新与实践

贸易流通领域的供应链金融管理需要不断创新金融产品与服务，以适应不断变化的市场需求。建议金融机构与供应链参与方密切合作，以开发出更加灵活、高效的金融产品。例如，可以开发基于供应链信息的融资方案，帮助企业解决资金短缺问题；可以推出基于供应链数据的风险评估服务，提供准确的风险预测和控制建议。

第二节　贸易流通领域供应链金融的模式

一、物流导向型供应链金融模式

物流是线下闭环最重要的一环，物流企业对于整个供应链的平稳运作起着至关重要的作用。物流导向型供应链金融模式具有较好的深度分销和服务能力，特别是实体物流运营能力，它能够为客户提供较为全面的仓储、配送、通关、商检等各类服务，同时也能实现一定的增值服务，如物流企业凭借与供应链各参与主体的物流合作关系，利用自身掌握的客户、信息等优势，通过结算服务达到为核心企业延长账期、向上下游中小企业提供融资服务的一种金融模式。赊销方式在商品交易环节容易导致中小企业出现资金问题，甚至资金链断裂，但通过该模式，金融机构可以为上游供应商提供“应收账款”短期融资服务，能在一定程度上解决短期内资金流动性问题。

物流企业也可以通过下设的商业保理公司、融资租赁公司、小额贷款融资平台、投融资平台等上下游企业提供供应链金融相关服务，而商业银行或 P2P 平台则对接物流企业，为其提供资金和其他金融服务。

以顺丰速运为例，2015 年前后，顺丰集团组建了金融服务事业群，以其在全国建成的快递服务地网和以“交易数据、物流信息、系统对接、监控系统”等大数据服务为主的天网为基础建设了顺丰速运的金融信贷体系，开展供应链金融物流业务模式创新。顺丰的供应链金融包括基于货权的仓储融资、基于应收账款的保理融资、基于客户经营条件与合约的订单融资和基于客户信用的顺小贷，这 4 个产品基本涵盖与快递物流有关的金融服务。

二、市场导向型供应链金融模式

市场导向型供应链金融模式是一种以市场需求和市场机制为导向的供应链金融模式。它通过整合金融资源、市场信息和供应链参与方之间的协作关系，以满足市场需求为核心目标，提供多样化的融资服务和风险管理工具。

市场导向型供应链金融模式注重根据市场交易进行融资。例如，基于订单的融资，根据已签订的采购订单或销售订单向供应商或制造商提供融资支持；还可以通过应收账款融资、库存融资等方式满足市场交易的资金需求。

市场导向型供应链金融模式通过市场机制和金融服务的有机结合，促进供应链上的各个环节更好地响应市场需求，提高供应链的灵活性和适应能力。它可降低各参与方的融资成本，增强供应链的竞争力，并推动供应链的创新和升级。

三、一体化供应链金融服务模式

所谓一体化供应链金融服务模式，是指将物流导向型供应链金融服务模式和市场导向型供应链金融服务模式结合在一起，不仅能为上下游企业提供全程物流服务，还能为客户提供深度分销等一站式服务。

以怡亚通为例。怡亚通以一体化供应链管理服务为产业基础，开展存货融资业务及相关的外汇衍生业务等，将物流主业与金融业务有机融合，大大提高了企业的盈利能力。相比本土传统的供应链管理服务商，怡亚通最大的特征在于其一体化供应链管理服务。传统的供应链管理服务商大多只在供应链单个或多个环节上提供专业服务，如物流服务商、增值经销商和采购服务商等。物流服务商主要提供物流运输服务，增值经销商主要提供代理销售服务，采购服务商主要提供代理采购服务。怡亚通通过整合供应链的各个环节，提供囊括物流、采购、分销的一站式供应链管理服务，在提供物流配送服务的同时，还提供采购收款及相关结算服务。与传统的增值经销商和采购服务商相比，怡亚通一般不保有大量存货，避免了存货风险，降低了存货成本，同时传统的增值经销商和采购服务商只在有限范围内为企业提供结算支持服务，且采购服务商一般不参与客户的营销支持。一体化供应链管理服务代表了行业的发展方向。

第三节　贸易流通领域的大宗商品供应链金融

一、大宗商品概述

大宗商品指的是可以流通进入市场，但并不在零售环节进行售卖的具有商品属性的物品，并且特指用于消费和工农业生产的进行大批量购买或者卖出的商品。大宗商品主要包括以下 4 类。一是农产品类，指以农业生产的原料为主的商品，包括油料、谷物、水果、蔬菜、肉类、蛋类、奶制品等。二是金属类，指以金属材料为主的商品，主要包括铜、铝、锌、铅、镍、锡等。三是能源类，主要包括原油、天然气、煤炭等。四是化工品类，指以化学原料为主的商品，主要包括硫酸、氢氧化钠、氯化钠等。

二、大宗商品的特点

大宗商品一般具有统一品质、规格和交割标准，其交易量庞大、价格波动较为频繁。以下是大宗商品的一些特点。

（一）供给量和需求量大

大宗商品的生产和消费规模较大，交易量通常以数量或重量计量，因此交易量较大。

（二）价格波动大

大宗商品价格受多种因素影响，包括供求关系、季节性变化、政治和经济因素等。因此，大宗商品的价格波动性相对较高，一些大宗商品价格甚至会在短时间内大幅波动，给投资者带来较高的风险和回报。

（三）全球化特征明显

经济全球化使得买家可以在全球范围内进行交易，并确保交货的质量和规格符合一定的标准。这有助于降低交易成本和风险，提高市场的效率和透明度，国际贸易和全球经济的变化都会对大宗商品市场产生重要影响。

（四）极端情况下供应紧张

由于大宗商品的生产过程可能受到天气、自然灾害、政治不稳定等因素的影响，供应可能会出现紧张或中断的情况。

（五）资源依赖性强

大宗商品多数来源于自然资源，如能源、金属、农产品等。因此，其价格和供应受到资源开采和生产能力的影响。

（六）存储和物流需求高

由于大宗商品的交易量庞大，因此需要相应的存储和物流设施来支持其运输和交割。

（七）长期和短期因素共同影响价格

大宗商品价格受长期供求因素和短期投机因素的共同影响。长期因素包括经济增长、人口变化等，而短期因素包括政治事件、天气变化、投资者情绪等。

三、国内大宗商品供应链发展情况

从经营模式来看，国内大宗商品供应链公司的贸易模式大体可分为自营和代理两种，其中关键环节是采购地销售。通俗点来理解，自营贸易和代理买卖分别对应带来企业的服务费收益以及差价收益。但在实际业务中，其实并没有对业务进行严格的划分。

从商业模式来看，大宗商品供应链属于典型的轻资产、低利润、高周转行业。其盈利模式是在不断的采购和销售中，通过空间、时间和形式 3 种途径套利，利润水平偏低。然而，通过快速周转和财务杠杆，大宗商品供应链公司依旧能获得不俗的净资产回报，非大宗牛市情况下，ROE 甚至能达到 15% 以上。该行业的核心资产是依附于人的购销渠道，以及依附于公司的物流配套和风控体系，这三者具备一定的规模效应，但偏弱。

我国的大宗商品供应链公司头部效应非常明显。在高质量发展要求下，上游集中度逐步提升，需求逐渐多元化，因而中小贸易商的简单模式逐步要被市场淘汰，具备高质量服务能力的供应链公司脱颖而出。从结果来看，近年的大宗商品供应链头部份额是在逐步提升的，而且有望持续攀升。根据厦门象屿 2022 年年报，CR4（指“物产中大、厦门象屿、建发股份、厦门国贸”）从 2018 年的 2.19% 提升至 2022 年的 4.18%，行业龙头的市场份额有望得到进一步的提升。尽管供应链行业的规模效益偏弱，但是头部公司展现出了以下三大优势。一是配套资产。在国内高质量发展目标下，多数初级原材料加工企业开始淘汰落后产能，头部集中。头部企业需求更加多元，这对大宗商品供应链服务提出更高的要求，而头部大宗商品供应链公司更易匹配这种高要求。二是健全的风险控制体系。大型商品供应链公司经过长期发展，建立了完善的风险控制体系。它们拥有丰富的案例数据积累，可以提高风控系统的准确性。大型供应链公司的中游配套资产相对完善，更能有效控制货权风险。三是较低的资金成本。对于资金密集型行业而言，较低的资金成本非常重要。

国内大宗商品供应链公司的发展道路是以中国需求（内贸或者“一带一路”贸易）为绝对基本盘的轻资产供应链公司，作为全球制造工厂，我国为大宗商品供应链公司发展提供了充足的发展空间。此外，“一带一路”或成为国际贸易的核心驱动，也是各大宗商品供应链公司着重布局的方向。

四、大宗商品供应链金融中的角色分析

（一）金融机构

金融机构作为供应链金融的主要提供者，在大宗商品贸易中发挥着资金支持和风险分担的作用。首先，金融机构可以为供应链各个环节提供融资支持，满足各方的资金需求。在大宗商品供应链金融中，金融机构可以通过提供应收账款融资和未来货权融资等方式，解决供应商和核心企业之间的资金流动问题。其次，金融机构可以对供应链中的各个环节进行信用评估和风险控制，减少供应链金融运作过程中的信用风险。金融机构可以通过建立信用评估模型，对供应链中的各个角色进行信用评估，并根据评估结果确定相应的融资额度和利率。此外，金融机构还可以引入担保机制和保险机制，对供应链金融中的风险进行分散和控制。

（二）第三方物流企业

第三方物流企业在大宗商品供应链金融中起着非常重要的作用。第三方物流企业是连接供应链各个环节的纽带，具有丰富的物流管理经验和专业知识。首先，第三方物流企业可以负责大宗商品的仓储、包装和运输等环节，确保商品能够安全、及时地到达目的地。其次，第三方物流企业可以提供库存管理和订单管理等服务，帮助核心企业实现库存和订单的优化管理，降低库存成本和运输成本。此外，第三方物流企业还可以提供物流信息管理服务，实时监控货物的流动情况，确保供应链的流畅性和透明度。

（三）担保公司

担保公司在大宗商品供应链金融中的作用是多方面的，也是代偿主体。担保公司可以对核心企业的贷款进行担保，减弱金融机构对核心企业的风险感知，提高金融机构对核心企业的授信额度。担保公司也可以为中小企业承担一部分或全部的代偿责任，保障供应链中的中小企业的权益，有效地降低了金融机构的风险，增加了供应链金融业务的流动性和安全性。当金融机构与核心企业合作时，担保公司可以作为中间人，起到桥梁作用。

（四）保险公司

保险公司在大宗商品供应链金融中的主要作用是承担物流运输风险和商品质量风险。

1. 为物流企业提供货物运输险

物流运输行业属于事故高发行业，从事物流运输的企业一般会通过购买保险来转嫁承运货物的货损风险。一般企业会选择财产险、责任险、货运险和意外险来规避风险，保障货物在物流过程中的安全性、完整性和可控性。

2. 为核心企业提供产品质量责任险

产品质量责任险是指对产品由于质量缺陷而对他人造成的损失承担赔

偿责任。具体来说，产品质量责任险是指保险公司承保被保险人（生产厂家和经销商）所生产、出售的产品或商品在承保区域内发生事故，造成使用、消费或操作该产品或商品的人或其他任何人的人身伤害、疾病、死亡或财产损失，依法应由被保险人承担责任时，保险公司在约定的赔偿限额内负责赔偿。出口商品通常根据国际惯例要求必须投保产品质量责任险，以满足进口商的要求。在供应链金融中，消费者对商品的质量要求越来越高，为了应对不可预测的质量问题，核心企业可以通过购买产品质量责任险来防范质量风险，保障其声誉和利益。

3. 为各参与方提供更多保险产品

保险公司还可以为供应链金融中的其他参与方提供相关的保险服务，如应收账款保险和仓储保险等。应收账款保险可以保护金融机构在借款人无法按时偿还贷款时的利益。仓储保险可以保障供应链中仓储环节的货物安全，降低仓储风险，促进供应链金融的顺利运作。

保险公司在大宗商品供应链金融中的作用不仅仅是风险的分散和承担，还在于提供保险知识和经验，帮助其他参与方更好地理解和应对风险。例如，保险公司可以通过风险评估和风险管理的方式，为金融机构和核心企业提供有效的风险管理建议，帮助它们制定风险防范和控制措施，降低风险并保障利益。

（五）核心企业

核心企业是大宗商品供应链金融中的重要角色，也是授信主体。核心企业在供应链金融中起着引领和推动作用，它是供应链金融运作的主导者和核心合作方。在大宗商品贸易中，核心企业通常是大宗商品的生产和销售企业，具有较高的信用和实力，能够提供大宗商品的优质供应和销售渠道。核心企业承担着供应链金融中的风险管理和控制职责，对供应链金融业务的顺利进行起着至关重要的作用。

核心企业在供应链金融中的主要角色是授信主体。核心企业可以通过与金融机构的合作，获得融资支持，以满足其在大宗商品贸易中的资金需求。核心企业也需要对自身的信用状况进行评估和管理，以维护其良好的信用形象，从而获得更多的融资机会和更低的融资成本。

核心企业都应积极加强自身信用管理，提高自身的信用评级，以获得更多的融资机会和更好的融资条件。与此同时，核心企业也应加强与金融机构的合作，建立良好的沟通和合作机制，共同推动大宗商品供应链金融的健康发展。

五、大宗商品供应链金融运作的特点

（一）融资的自偿性

融资的自偿性是大宗商品供应链金融运作模式的一个典型特点。在大宗商品供应链金融中，融资的自偿性主要表现在融资行为与实际交易之间的紧密联系上。在大宗商品供应链金融运作模式下，融资行为通常与实物交割和货款结算相结合，借款人获得融资的同时，也要完成货物的交付和销售，这种结合在一定程度上确保了融资的自偿性，使得借款人有动力及时履行交付和销售的义务，从而获得货款用于偿还融资款项。自偿性的特点使得大宗商品供应链金融具有较低的信用风险，促使金融机构更愿意为相关企业提供融资服务。

融资的自偿性不能保证完全消除风险。首先，由于大宗商品供应链金融涉及多个参与方，其中的交易环节可能受到各种因素的影响，例如市场行情波动、供需关系变化等，从而影响到借款人的销售收入，这可能导致借款人面临偿还融资款项困难的情况，增加融资行为的风险。其次，融资的自偿性还受到金融机构的风险管理能力以及对借款人的信用评价等因素的影响，如果金融机构的风险管理能力不足或者对借款人的信用评价不准确，可能会导致对借款人的融资额度过高或者融资条件过松，进而增加融资交易的风险。

（二）操作具有封闭性

大宗商品供应链金融运作模式的操作具有封闭性，具体是指在该模式下，各个参与方之间的交流和业务流程具有高度的保密性和封闭性。在大宗商品供应链金融中，涉及的交易和资金流动往往规模庞大，对于参与方来说,保证信息的安全和保密显得尤为重要。首先,秉持着操作封闭的原则,大宗商品供应链金融模式中的各个参与方之间的合作往往是根据事先签订的合同和协议进行的，信息的传递和交流更多地借助电子化系统，以避免无关方知情和干扰。这种操作封闭性的设计可以有效减少信息泄露的风险，保护各方的商业秘密和利益。其次，大宗商品供应链金融模式的交易流程也相对封闭。在大宗商品供应链金融的运作中，各个环节的交易往往以标准化的方式进行，交易程序和交易规则都会在合同中明确约定。各参与方只能按照约定的程序进行交易，而无法进行未经授权的操作，这有助于保障供应链金融的安全性和信任度。

操作封闭性使得大宗商品供应链金融模式在业务运营中更加安全、高效。通过封闭的操作模式，各参与方的合作更加稳定，交易的可控性和可预见性更高，有助于减少操作风险和欺诈行为的发生。同时，操作封闭性也有助于打造一个公正、公平的市场环境，为参与方提供公正的竞争机会。

（三）融资用途定向化

在大宗商品供应链金融业务中，融资主要用于支持和促进供应链的运转和发展。由于大宗商品贸易的特殊性质，供应链金融的融资用途更加注重实际的经营需求和风险管理。根据不同的角色和环节，融资的用途可以分为以下几个方面。首先，核心企业与授信主体可以通过供应链金融融资来支持贸易活动，包括购买原材料、加工加值和生产等。这种定向化的融资用途将贸易和金融有机结合，既能满足企业的经营需求，又能降低交易风险和融资成本。其次，供应链金融融资还可以用于优化资金流动和流转。

在大宗商品供应链中，资金的周转和流动性一直是一个核心问题。通过供应链金融融资，核心企业可以实现资金的快速转移和流动，提高资金使用的效率和灵活性。例如，应收账款融资可以将应收账款转化为现金流，用于其他环节的运作和支付；未来货权融资和仓单质押融资可以将实际的货物或仓单作为抵押，实现货权、资金和贸易的有机流动。通过这种定向化的融资用途，核心企业能够更好地解决资金周转和流动性问题，提高供应链的资源配置和运作效率。

融资用途定向化还有利于降低交易风险和金融风险。在大宗商品贸易中，由于价格波动和交易不确定性，金融风险一直是一个主要的挑战。通过供应链金融融资用途定向化，核心企业可以实现风险的定向化和控制。比如，通过应收账款融资，核心企业可以将信用风险转移给金融机构，降低违约风险；通过未来货权融资和仓单质押融资，核心企业可以将市场风险和物流风险转移给金融机构、担保公司和保险公司，降低供应链中每个环节的风险暴露。通过这种定向化的融资用途，核心企业能够实现风险的有序分散和控制，提高整个供应链的稳定性和可持续发展能力。

六、大宗商品供应链金融运作模式的应用

大宗商品供应链金融的运作模式可以通过应收账款融资、未来货权融资和仓单质押融资等方式进行构建。这些模式中，应收账款融资是一种常见的方式，通过将应收账款转变为资金来满足企业的融资需求。未来货权融资则是指在交易过程中，通过预售或预购货权来实现融资。仓单质押融资则是将仓单质押给金融机构，以获取资金的一种方式。

在应用方面，大宗商品供应链金融运作模式可以应用于各个环节，包括采购、生产、物流和销售等。在采购环节，可以通过应收账款融资来减小供应商的资金压力，提高采购效率。在生产环节，可以通过未来货权融资来满足生产企业的资金需求，促进生产的持续进行。在物流环节，可以通过仓单质押融资来解决物流企业的资金问题，提高物流的效率和安全性。在销售环节，可以通过应收账款融资来减小销售企业的资金压力，

促进销售。

在实际操作中，国内一些大型贸易企业往往通过提供包括供应链金融在内的全方位的金融服务，来加强与上下游客户的深度合作。以厦门象屿为例，它通过“虚拟工厂”模式，为上下游客户提供全方位的金融服务。厦门象屿依托与大客户合作构建起的渠道优势，针对中型客户，提出全程供应链管理服务（“虚拟工厂”）模式。厦门象屿在集团层面会对个别工厂注入股权，强化控制权，并将工厂实体隔离在上市公司体外。

厦门象屿选择一些生产制造技术较优、产品市场认可度较高、产业介入较为深入的中小制造业企业，在充分参与工厂计划、采购、库存、金融、分销、物流等各环节的基础上，提供原辅材料采购供应、产品成销，以及配套的物流、金融、咨询服务，优化制造业企业的采销节奏、改进生产制造工艺。同时，厦门象屿通过入场监管、账户共管、货物监管、资产抵质押等方式，形成货物流、资金流的闭环管理，实现风险的有效管理。“虚拟工厂”模式已经由黑色金属产业拓展至铝、煤炭等产业。厦门象屿通过“虚拟工厂”模式，迅速介入制造业企业的产业链核心环节，通过供应链金融与其他服务的结合运用，为工厂提供综合服务，帮助客户降本增效，并为公司贡献服务收益（含物流收益）、金融收益。同时，待制造业企业的经营情况改善后，厦门象屿有望分享其税后留存收益。

七、大宗商品供应链金融的合规风险

融资性贸易是大宗商品供应链金融最大的合规性风险，融资性贸易可能涉及刑事犯罪，风险极大，故本节做重点介绍。

（一）融资性贸易的含义

目前，融资性贸易还没有一个正式的、标准的定义。因此，对于融资性贸易的含义，我们只能从国务院国资委、人民法院相关司法判决等一些零星文件中来理解。《关于进一步排查中央企业融资性贸易业务风险的通知》（国资财管〔2017〕652 号）指出，融资性贸易业务是以贸易业务为名，实为出借资金、无商业实质的违规业务。融资性贸易的融资方多为中小型民营企业，出资方一般是具有资金优势的大型企业。融资性贸易通常有以下表现形式。

（1）采购合同、销售合同形式简单且具有一致性。合同中一般不明确约定具体的交货时间、交货地点，交货方式一般约定为“仓库交货”，交货时间通常为一个时间段。贸易业务下的采购、销售合同常常格式基本一致，同一货物、金额基本相等，也可能多份合同在同一时间或相近时间签订，仅付款时间存在先后。

（2）人为增加交易环节，交易上下游存在关联关系或特定利益关系，企业无加入贸易链条的商业合理性。

（3）贸易合同毛利为零或负，或存在明显不合理的异常之处。例如“低卖高买”、合同中未约定市场价格变化的保障机制、商品价格不受市场变化所左右、货物检验由下游单位负责等。

（4）不参与交易谈判或货物流转过程，货物未发生实际转移。例如采取不见供应商、下游客户、货物的“三不见”贸易形式；通过“走单、走票、不走货”进行交易流转；货物并未发生实际交付和流转，贸易标的始终由一方实质控制等。

（5）其他表现形式，如非专业贸易企业开展的与主业或熟悉领域无关的贸易；贸易形成的仓单、票据等质押融资、信用证期限越来越长等。

（二）融资性贸易与供应链金融的本质区别

供应链金融是基于正常贸易背景，为满足供应链中买方在采购环节或卖方在销售环节所产生的资金需求，相关各方相互协作而做出的系统性、结构性的融资安排。融资性贸易和正常贸易的分界在于目的和手段是否名实相符。融资性贸易中，融资是目的，贸易是手段，不管是贸易背景还是交易环节，无不体现出一种人工雕琢的痕迹，既缺乏商业实质，也不合商业逻辑，名实不符。而正常贸易中，出卖商品和买受商品既是目的，也是手段，所谓的资金融通则是附带效果，目的和手段合一，名实相符。简而言之，供应链金融是贸易基础上的融资，而融资性贸易是以融资为目的的“形式”贸易。要对二者做出有效的辨识和区分，关键在于是否存在正常的、真实的贸易背景，这是二者的根本区别。

（三）融资性贸易的危害

从宏观层面来看，比如扰乱信贷资源合理配置，致使资金脱实向虚，不利于金融“活水”“滴灌”实体经济；容易造成资金流违规跨境、进出口数据失真、外汇占款不合理增长、国际贸易收支失衡等后果；危害企业资金安全，造成国有资产流失等。

从企业层面来看，从事融资性贸易主要会面临以下风险。

（1）因“阴阳合同”违反国家金融管制的强制性规定而无效的合规风险。

（2）因违反国企监管政策、相关业务不符合贸易特征审计查实后的追责风险。

（3）因上下游企业故意不履行合同或合谋开展虚假交易而丧失对货物的控制权的风险。

（4）因贸易链条中某一环节资金链断裂等导致的资金风险。

（5）因在不具有真实贸易背景的情况下，向下游企业开出增值税专用发票而被税务机关认定为虚开发票的税务风险。

（6）如果虚构交易，相关责任人可能被监管部门处罚，甚至可能触犯刑法。

对于融资性贸易，国务院国资委部门和多地政府都是严厉打击的。2018 年 7 月 30 日，国务院国资委令第 37 号《中央企业违规经营投资责任追究实施办法（试行）》第九条，明确了违反规定开展融资性贸易业务或“空转”“走单”等虚假贸易业务情形要追究责任。

（四）融资性贸易风险的防范建议

（1）加强对客户的评价、准入和管理。企业在进行大额交易前，加强对客户的评估和管理，严格选择贸易合作伙伴。如果涉及多方交易或过手安排，需加强贸易背景的真实性审查，确保整个业务链条的真实性、合法合规性，并对上下游企业之间的关系进行核实，避免出现上下游企业是关联方。

（2）注意货物流转履行文件的收集和保管。保留相关货转、运输、仓储、货物保险以及验收、结算等记录，并注意加盖交易对手真实的印鉴，保证所有业务单据真实有效。

（3）建立健全各项规章制度，加强企业的内部控制管理。在涉及大宗交易时，企业经营管理层应尽量杜绝与资金需求方的私下往来及其他违纪事项。

（4）关注应收账款的账龄及结构。在财务管理层面，重点分析应收账款及其他应收款项的构成，并进行账龄分析，特别是挂账时间较长的应收款项。虽然可以为客户设定信用期，但必要时，积极提起诉讼，避免资金需求方陷入财务困境甚至破产时，增加收回应收款项的成本，甚至使得应收款项变成呆账、死账，造成国有资产的损失；

（5）运用“保理”“融资租赁”等多样融资路径，准确把握各类融资路径的合法性与合规性。

第四节　进出口贸易业务的供应链金融

对外贸易是国际经济交流的重要组成部分，对推动全球经济的发展起到了关键作用。在全球化进程不断加速的背景下，全球价值链的形成提高了各国对对外贸易的依赖程度，使得商品生产与贸易环节越来越分化和专业化。新兴市场国家崛起，不断提高其在全球贸易中的地位与影响力。信息技术的进步、物流和运输的便捷化以及贸易壁垒的减少，也为对外贸易的发展提供了有利条件。

在商品贸易方面，我国出口量不断增长，特别是机电产品、办公及通信设备、纺织品和钢铁等重点出口产品的出口量均保持相对较高水平。在进口方面，我国进口了大量的能源资源、高端装备、原材料和消费品。随着全球化进程的加快，越来越多的中国企业开始开展对外贸易业务。在这一背景下，供应链金融也逐渐向国际市场拓展。

供应链金融在对外贸易中的应用有着诸多好处。一是供应链金融提供了一种新的融资方式，能够满足企业在对外贸易中的资金需求。二是供应链金融可以提高对外贸易中的资金流动性，可以通过应收账款融资，将原本需要等待结算的资金提前拿到手，提高了资金的流动性，加快了资金周转，减小了资金压力。三是供应链金融还可以提供更多的货物质押方式，增加了企业的融资渠道。在对外贸易中，往往存在大量的货物流动，这些货物可以作为资产进行质押和融资。四是供应链金融还可以加强对外贸易中的风险管理。在对外贸易中，由于跨地区、跨国家的交易特点，涉及的风险也相对较多，如汇率风险、政治风险等。通过供应链金融的应用，企业可以实现对货物的监控和追踪，对资金的使用进行管控，从而减少交易风险，提高企业的交易安全性。

供应链金融在对外贸易中的操作模式多种多样。根据不同的参与主体和具体需求，资金方可以采取不同的方式提供金融服务。一种常见的操作模式是银行直接向出口企业提供贷款或融资服务，这种模式相对来说比较传统，但仍然是应用最广泛的方式之一。在这种模式下，出口企业可以通过与银行建立合作关系，获得与其海外交易相匹配的贷款或融资支持。

另一种操作模式是通过与供应链金融平台合作，实现全链条上的融资支持。在这种模式下，供应链金融平台作为中介，将出口企业、贸易伙伴、供应商和金融机构等关键参与主体连接起来，提供一揽子金融服务。这些服务包括但不限于应收账款融资、订单融资、仓单融资等。通过供应链金融平台的协调和安排，出口企业可以更好地满足海外订单的资金需求，同时降低融资成本和风险。

除了上述两种操作模式外，还存在一种集团公司或贸易公司推动的供应链金融模式。在这种模式下，集团公司或贸易公司作为主导者，通过建立供应链金融平台或直接提供金融服务，为供应链上的所有参与主体提供金融支持。这种模式下，供应链金融具有更强的整合能力和控制力，可以更好地协调供应链上各个环节的资金需求和供给。

第七章　物流企业的供应链金融

第一节　国内物流企业的发展历程

物流业作为一种产业，涉及货物的流动与管理，同时也包括信息的流动与管理。物流的基本概念可以从不同的角度加以界定。

从物流的视角来看，物流可以被定义为在整个供应链中，通过组织、实施和控制物流过程，以最低的成本和最高的效益，提供适时的货物和信息流动的活动。物流在供应链中起到了连接各个环节的纽带作用，通过有效的物流管理，可以提高供应链的效率和效益。

从运输的角度来看，物流可以被解释为通过运输手段和运输工具，将货物从一个地点运输到另一个地点的过程。在这一过程中，物流不仅仅包括了运输手段的选择和运输路线的规划，还包括了运输中所涉及的各个环节，如装卸、运输保险等。

从库存管理的角度来看，物流可以被理解为管理货物的流动和存储，以及货物的供应和需求之间的平衡关系。物流管理人员需要定期对库存进行调整和优化，以确保货物的准确供应和最小化库存成本。物流的基本概念涵盖了从货物流动到信息流动，从供应链管理到运输与库存管理的各个方面。

中国物流业的发展历程可以追溯到 20 世纪 80 年代初。改革开放推动了中国经济的快速发展，同时，中国逐步建立起了现代物流体系，以满足经济发展的需求。在改革开放初期，中国物流业的主要特点是规模小、技术落后、服务水平低下、物流基础设施不完善、运输方式单一、缺乏现代化的仓储设施和信息化管理手段、物流企业主要以国有企业为主、市场竞争程度较低。

随着国民经济的发展，物流业逐渐壮大。自 20 世纪 90 年代以来，中国物流业实现了快速增长。物流企业的数量迅速增加，企业规模迅速扩大。同期，中国物流业的基础设施得到了大力改造和建设，高速公路、铁路和航空运输网络的配套建设不断完善。

进入 21 世纪以后，中国物流业实现了持续稳定的增长。特别是在 2013 年以后，中国政府出台了一系列支持物流业发展的政策，促进了物流业的创新和高质量发展。

现代物流一头连着生产，一头连着消费，高度集成并融合运输、仓储、分拨、配送、信息等服务功能，是延伸产业链、提升价值链、打造供应链的重要支撑，在构建现代流通体系、促进形成强大国内市场、推动高质量发展、建设现代化经济体系中发挥着先导性、基础性、战略性作用。“十三五”时期以来，我国现代物流发展取得积极成效，服务质量和效益明显提升，政策环境持续改善，对国民经济发展的支撑保障作用显著增强。

2022 年 5 月，国务院办公厅印发《“十四五”现代物流发展规划》（国办发〔2022〕17 号），标志着我国物流业经过多年积累，在发展基础不断夯实、发展作用更加强大、发展成效持续显现的既有基础上，迈入系统整合、转型发展、功能提升的新阶段。该规划明确了现代物流发展重点方向，包括加快物流枢纽资源整合建设、构建国际国内物流大通道、完善现代物流服务体系、延伸物流服务价值链条、强化现代物流对社会民生的服务保障、提升现代物流安全应急能力等。

第二节　物流企业应用供应链金融的优势

一、降低整个产业的交易成本和风险

物流企业通过供应链金融的应用，能够实现更加高效的货款结算和资金管理，减少了传统的款项拖欠和资金周转压力所带来的交易成本。

（一）供应链金融为物流企业提供了货款结算的优化方案

在传统模式下，物流企业与其他环节的合作伙伴之间的货款结算往往存在着长周期和延期支付的问题，这不仅给物流企业带来了日常资金的紧缺，还增加了形成坏账的不确定性。而通过应用供应链金融，物流企业可以与上下游合作伙伴建立更加高效的账期管理机制，实现资金的及时结算和流转，进而减少了货款结算过程中的交易成本。

（二）供应链金融实现了物流企业资金的合理配置和优化

传统的物流企业往往面临着资金周转困难的问题，特别是在季节性需求波动和交易风险增加的情况下。而通过供应链金融的应用，物流企业可以更好地利用金融机构的资金支持，实现资金的合理配置和优化。例如，物流企业可以通过供应链金融获得短期资金支持来满足季节性需求的增长，或者通过供应链金融的仓储融资来降低库存成本，进一步优化资金的利用效率。

（三）供应链金融帮助物流企业实现了交易风险的防控

传统的物流交易中存在着信用拖欠和欺诈风险，给物流企业带来了很大的困扰和风险。而供应链金融通过对物流企业的信用评级和审查，可以更好地防范和控制交易风险。此外，供应链金融还可以通过共享信息和数据的互联互通，实现风险的实时监控和识别，增强整个产业链的供应链金融风险管理能力。

二、促进整个产业可持续高质量发展

供应链金融通过优化货款结算、合理配置资金、防控交易风险等手段，为物流行业提供了一个更加高效、稳定和可靠的交易环境。供应链金融可以提供其他增值服务，如保险服务、评估服务等，来帮助物流企业提高运营水平，为物流行业的持续发展提供有力支持。供应链金融还可以提供物流信息化技术和管理工具，帮助物流企业优化运营流程，提高运输效率和质量。通过供应链金融的支持，物流企业可以实现订单管理、仓储管理、运输跟踪等环节的信息化和自动化，提高物流供应链的可见性和透明度。这样一来，物流企业可以更加精确地调度资源，有效配送货物，提高客户满意度，进而推动产业健康有序、可持续高质量发展。

三、促进整个产业的供应链流程再造

供应链金融通过对供应链的设计和优化，可以实现更高效、更可持续的物流运作，并带来诸多好处。

（一）供应链流程再造可以提高供应链的响应速度和灵活性

对各个环节进行优化和整合，可以缩短物流的运作时间，并能够更好地应对市场的变化和需求的波动。例如，在订单处理环节引入数字化技术，可以实现订单自动化处理，大大缩短了处理时间，降低了错误率。与供应商和分销商建立更紧密的合作关系，可以实现信息的实时共享和协同操作，提高了物流运作的效率。

（二）供应链流程再造可以降低物流运作的成本

进行精细化流程再造，可以优化物流的资源配置，减少运输和仓储环节的浪费，降低库存和仓储成本。引入供应链金融工具，例如应收账款融资和库存融资，可以减小物流企业的资金压力，减少资金成本，能够为物流企业提供更多的资金来源，支持物流企业的运作和发展。

（三）供应链流程再造能够提升物流的服务质量和客户满意度

优化供应链的各个环节，可以提高交货的准确性和及时性，提供更可靠、更高效的服务。同时，引入物流信息技术，实现物流跟踪和可视化管理,能够提供实时的物流信息和坐标,为客户提供更加可信赖的服务。这样,物流企业可以根据客户需求提供定制化的服务，并与客户建立良好的合作关系，提升客户的满意度和忠诚度。

第三节　物流企业供应链金融服务客户群细分

物流企业在开展供应链金融服务的过程中，对客户群的细分是非常重要的。根据实际情况，物流企业供应链金融服务客户群可分为以下 4 类。

一、大型企业

大型企业通常具有较强的资金实力和规模优势，因此在供应链金融服务中扮演着重要的角色。针对这类客户，物流企业可以提供供应链金融服务，以降低其融资成本，提高其资金周转率，进一步增强其市场竞争力。

二、中小型企业

中小型企业由于资金和信用压力，往往面临融资难题。在供应链金融服务中，物流企业可以为中小型企业提供应收账款融资、库存融资等服务，帮助它们解决融资问题，推动其发展壮大。

三、个体工商户和小微企业

个体工商户和小微企业由于规模较小，往往难以获得传统金融机构的资金支持。因此，物流企业可以通过供应链金融为它们提供融资支持，促进其业务的发展。

四、物流相关企业

物流相关企业也是物流企业供应链金融服务的重要对象，主要包括供应商、承运商、仓储企业等。通过为相关企业提供供应链金融服务，物流企业可以实现供应链的整合，并提高整个供应链的效率和运作水平。

第四节　物流企业供应链金融服务产品细分

在物流企业开展供应链金融业务中，供应链金融服务产品的细分是非常重要的一环。本节将对物流企业供应链金融服务产品进行详细的分析。

一、物流企业作为供应链金融的组织者，可以提供供应链集成服务

物流企业提供的集成服务包括供应链融资服务、供应链信息服务和供应链风险管理服务等。在供应链融资服务方面，物流企业可以通过与银行合作，为供应链上的各个参与方提供融资支持，包括订单融资、应收账款融资等。此外，物流企业还可以为参与方提供供应链信息服务，及时分享物流和贸易信息，提高供应链的可见性和透明度。在供应链风险管理服务方面，物流企业可以通过数据分析和风险评估，帮助参与方识别和管理供应链中的各种潜在风险。

二、物流企业作为供应链金融的参与者，可以提供金融物流服务

金融物流服务是将金融服务与物流服务有机结合，为参与方提供综合

性的供应链解决方案，具体包括订单管理和资金流动管理两个方面。在订单管理方面，物流企业可以通过自身的物流网络和资源，为参与方提供订单管理服务，包括采购、库存、运输和配送等环节的优化和整合。在资金流动管理方面，物流企业可以与金融机构合作，通过提供供应链金融产品，为参与方提供全流程的资金流动管理服务，包括订单融资、结算融资和分期付款等。

第五节　物流企业的供应链金融模式

一、代收货款模式

代收货款是指物流企业作为货物的收款方，代为收取客户的货款，并将货款及时返还给货主。这种模式在物流行业中的应用非常广泛，并且具有一定的优势。

代收货款模式能够提高物流企业的资金运作效率。在传统的物流业务中，客户需要直接向货主支付货款，从而导致物流企业的资金链条较长，资金回收速度较慢。而采用代收货款模式后，货款可以直接由物流企业代为收取，并及时返还给货主，从而缩短了货款回收周期，提高了资金周转速度。

代收货款模式能够减少风险和纠纷。在传统物流业务中，由于货款直接支付，存在着货款流失或者发生纠纷的风险。而代收货款模式下，物流企业充当了收款方的角色，在很大程度上确保了货款的安全性。物流企业也能够对货款进行合理的管理和分配，减少了因货款问题引发的纠纷和争议。

代收货款模式能够提供更多金融服务。在代收货款的过程中，物流企业可以利用自身的行业优势和资源，为货主提供一系列的金融服务。例如，物流企业可以根据货物的价值进行额度授信，为货主提供融资支持。另外，物流企业还可以引入第三方金融机构，开展联合融资业务，进一步扩大金融服务的范围。

二、融资中介模式

融资中介模式作为物流企业运用供应链金融的一种重要模式，在当前物流行业中得到了广泛应用。此模式以第三方金融机构作为中介，连接物流企业和资金需求方，为物流企业提供融资服务，从而解决物流企业短期资金需求的问题。

融资中介模式通过引入第三方金融机构，可以有效解决物流企业的融资难题。由于物流企业的特殊性，其资产主要为库存和应收账款，这些资产在一定程度上存在着流动性较低的问题。通过融资中介模式，物流企业可以将这些资产转化为符合金融机构要求的债权，从而获得更便利的融资渠道。金融机构作为专业的融资中介，可以根据物流企业的经营情况和债权特征，为其量身定制融资方案，提供稳定的资金支持。

融资中介模式的运用有助于降低物流企业的资金成本。相较于传统的融资渠道，使用融资中介模式可以减少物流企业的融资风险和金融成本。一方面，通过引入第三方金融机构，物流企业可以充分利用金融机构的信用优势，降低融资的成本；另一方面，金融机构对物流企业的资金需求进行专业的评估和监控，有助于防范信用风险，提高融资的成功率和效率。

融资中介模式的运用可以提升物流企业的效益和竞争力。通过融资中介模式，物流企业可以获得更多的资金支持，从而增强企业的经营能力和扩大规模。这不仅可以改善物流企业的运营状况，提高服务质量，还可以提高物流企业在市场竞争中的地位。融资中介模式具有灵活性和定制性的特点，可以根据物流企业的实际情况和需求进行资金供应，有利于优化资金流动，提升企业的运作效率。

三、统一授信模式

在物流企业运用的供应链金融模式中，统一授信模式是一种较为常见的模式。在该模式下，通过与金融机构建立合作关系，物流企业可以获得统一的信用额度，以加快其在运营过程中的资金周转。

在统一授信模式中，金融机构会对物流企业进行全面审核和评估，考察企业的运营状况、历史财务数据以及信用记录等。在评估结果出来后，金融机构会为物流企业设定一个统一的信用额度。这个信用额度可以作为物流企业在日常运营中的资金来源。

一旦获得了统一的信用额度，物流企业就可以根据自身的资金需求，选择在适当的时机向金融机构提出资金申请。一般来说，物流企业在运营过程中会有一些时候需要大量的资金投入，例如采购货物或支付运输成本等。在这些时候，物流企业可以通过向金融机构提出资金申请来获得必要的资金支持。

另外，统一授信模式还可以给物流企业带来一些其他的便利。比如，在与供应商、客户或其他合作伙伴进行交易时，物流企业可以凭借统一的信用额度，享受到更加便捷的合作。因为有统一的信用额度的支持，物流企业在与其他方进行交易时，可以更加灵活地进行资金支付和结算，有效地提高了企业的资金使用效率。

四、完全自营模式

完全自营模式是一种供应链金融模式，物流企业在此模式下完全依靠自身实力进行资金的运作和控制。相较于代收货款模式、融资中介模式和统一授信模式，完全自营模式具有更大的自主权和更强的风险承担能力。

完全自营模式为物流企业提供了更多的资金来源选择。物流企业可以通过多种途径融资，如银行贷款、发行债券、股权融资等，不受限于某一种融资方式。这样，在面对资金短缺或业务扩张时，物流企业可以选择最合适的融资方式。另外，完全自营模式增强了物流企业的风险承担能力。

相对于依赖中介机构的模式，完全自营模式使得物流企业更加独立自主，对外部环境变化更具有应对能力。在金融市场波动大或信贷环境紧张的情况下，物流企业可以更好地应对风险挑战，增强自身的风险控制能力。

第六节 物流企业供应链金融应用案例

一、国外案例

（一）UPS 的供应链金融

UPS 是全球最大的物流和包裹递送公司之一，也是一家开展供应链金融业务的企业，且在供应链金融领域取得了显著的发展成果。首先，UPS 推出了一系列供应链金融产品和服务，例如供应链融资、订单融资、库存管理和发票融资等。这些产品和服务能够帮助物流企业和供应链企业管理资金、缩短现金周转周期，并提供更好的融资和支付选择。其次，UPS 在供应链金融领域建立了与合作伙伴的紧密合作关系。通过与不同类型的金融机构合作，例如银行、供应链金融公司和保险公司，UPS 能够提供更多的金融解决方案和产品选择，满足不同企业的需求。此外，UPS 还建立了自己的供应链金融平台，为客户提供一站式的供应链金融服务。该平台集成了物流和金融业务，通过物流数据和交易信息的共享，提供更准确和实时的资金和风险管理服务。

（二）普洛斯的供应链金融

普洛斯是一家国际知名的物流公司，在供应链金融业务方面取得了显著的发展成果。普洛斯的供应链金融业务主要包括两个方面：供应链融资和供应链结构优化。首先，普洛斯通过与银行等金融机构的合作，为供应链中的各个环节提供融资支持，帮助各方解决融资难题。其次，普洛斯还通过优化供应链结构，提高整个供应链的效率和协调性，从而实现降低成本和提高效益的目标。

在具体的运作过程中，普洛斯采取了一系列切实可行的措施。首先，普洛斯与供应链上的各个环节建立合作关系，通过共享信息和资源，实现供应链的整合和互联互通，为金融服务提供了基础。其次，普洛斯根据客户的实际需求，量身定制金融服务方案，提供有针对性的融资支持和优化建议。此外，普洛斯还在供应链上建设了一套完善的物流和信息技术系统，通过提高整个供应链的可见性和可控性，为金融服务的实施提供了技术支持。

二、国内案例

（一）中远物流的供应链金融

中远物流是中国领先的综合物流服务提供商之一，也是全球最大的集装箱航运公司之一。在供应链金融领域，中远物流积极开展各项业务，成为行业的佼佼者。

中远物流注重与金融机构的合作，通过与银行建立合作关系，推出了丰富的供应链金融产品。其中包括供应链融资、应收账款融资、采购融资等多种形式的金融服务，帮助企业解决了融资问题。与此同时，中远物流还与保险公司合作，提供供应链保险服务，为企业的供应链提供全方位的风险防控措施。

中远物流通过自身的优势资源和物流网络，为客户提供高效的供应链金融服务。其中包括整合物流服务和金融服务，为客户提供一站式的供应链解决方案。中远物流凭借全球领先的货运网络和信息技术能力，能够提供精准的货物跟踪和信息服务，提高供应链的可见性和效率，为客户提供更加便捷的金融服务。

中远物流还注重与核心企业合作，共同推进供应链金融的发展。中远物流与众多知名企业建立战略合作伙伴关系，共同开展供应链金融业务。通过与核心企业的合作，中远物流能够更好地了解行业需求，提供更加精准的金融解决方案，实现供应链各方的利益最大化。

（二）顺丰的供应链金融

顺丰是国内的快递物流综合服务商，总部位于深圳，经过多年发展，已初步具备为客户提供一体化综合物流解决方案的能力，不仅提供配送端的物流服务，还延伸至价值链前端的产、供、销、配等环节，从消费者需求出发，以数据为牵引，利用大数据分析和云计算技术，为客户提供仓储管理、销售预测、大数据分析、金融管理等一揽子解决方案。

顺丰还是一家具有网络规模优势的智能物流运营商。经过多年的潜心经营和前瞻性的战略布局，顺丰已形成拥有“天网＋地网＋信息网”三网合一、可覆盖国内外的综合物流服务网络，其直营网络是国内同行中网络控制力强、稳定性高，也是独特稀缺的综合性物流网络体系。

2015年年初，顺丰集团组建了金融服务事业部。顺丰金融的使命就是协助完成物流、信息流、资金流“三流合一”的过程，为消费者、机构客户提供更好的金融服务体验。

顺丰金融背靠强大的物流体系，供应链金融业务线已形成，包括基于货权的仓储融资、基于应收账款的保理融资、基于客户经营条件与合约的订单融资和基于客户信用的“顺小贷”等。“三流合一”成为支撑丰富供应链金融业务线的基石，其中物流系统的构成包括顺丰速运、顺丰仓配、顺丰供应链以及顺丰家；信息流和资金流方面，由历史交易数据、支付交易数据、物流系统信息以及征信引入，来自B2B交易过程中沉淀下来的数据，被用于金融服务和评估；商流方面，涵盖顺丰优选和顺丰海淘等。

基于上述“三流”，顺丰实现了交易数据、物流信息、系统对接、监控系统4个方面的不断提升，从而为仓储融资、保理融资、订单融资等供应链金融各条业务线提供了有力保障。顺丰主要提供4种供应链金融产品。

1. 仓储融资

仓储融资即库存质押贷款，也就是核心企业按照仓库所存放商品价值的一定比例授予客户仓储质押额度。卖家在顺丰仓库中提前备货，不仅可以利用顺丰的全国性配送网络实现就近发货，还能通过存货申请到一笔贷款，这种方式有效缩短了贸易周期，加快了供应商的资金回流，实现了增强供应链资金运营能力的最终目的。目前，顺丰已经在全国超过50个重点城市建立了上百个仓储中心，通过其庞大的物流配送网络和密集的仓储服务网点，打造了一个完善的"分仓备货+仓储融资"的物流服务闭环生态体系。此外，顺丰的仓储融资服务还实现了动态质押，通过顺丰仓储管理系统（Warehouse Management System，WMS）监测每天的货物流量和价值，依据实时更新的监测数据向客户提供动态的融资服务安排。

2. 保理融资

保理融资是根据客户应收账款提供的融资服务，指供应商将因商品赊销产生的应收账款转让出去，从而获得一定比例融资，同时也要承担买方违约的风险，即具有回购该应收账款的责任。保理融资有利于解决中小企业应收账款账期过长的难题。

3. 订单融资

订单融资针对于信用良好的客户，是一种在融资客户能够提供有效担保的条件下，有订单在平台发起时，平台为客户支付一定比例的采购货款，客户在收到货款后立即偿还贷款的业务，往往被视为预付款融资。之后，由顺丰全程控制仓储、配送等环节，帮助客户实现更多的合作价值。

4. 信用贷款

信用贷款是指借款人凭借自己的信誉发放的贷款，债务人不需要提供抵押品或第三方担保，以信用程度作为还款保证。该服务仅针对信誉良好的客户。顺丰根据融资客户以往的信用记录和经营情况，提供灵活方便的信用贷款，满足客户临时性资金需求。

第八章　电子商务领域的供应链金融

第一节　电子商务及常见模式

电子商务通常是指在全球各地广泛的商业贸易活动中，在因特网开放的网络环境下，基于客户端/服务端应用方式，买卖双方不谋面地进行各种商贸活动，实现消费者的网上购物、商户之间的网上交易和在线电子支付，以及各种商务活动、交易活动、金融活动和相关的综合服务活动的一种新型的商业运营模式。

电子商务的特点主要包括全球化、便利性、互动性和个性化。通过互联网，商家和消费者可以跨越地域和国界进行交易，实现全球化的市场覆盖。同时，电子商务的便利性使得消费者可以随时随地进行购物，无须受到时间和地域的限制。互动性则是指商家和消费者之间可以进行实时的沟通和交流，提高了购物体验。个性化则是指电子商务平台可以根据消费者的偏好和需求，提供个性化的推荐和服务。

电子商务的优势主要体现在降低交易成本、扩大市场和提高效率。相比传统的实体店面，电子商务可以省去租金等成本，降低了商家的经营成本。同时，电子商务可以通过互联网的覆盖，将市场范围扩大到全球，拓展了商家的销售渠道。此外，电子商务还可以通过自动化和信息化的手段，提高交易和运营的效率，节约了时间和人力资源。

电子商务的主要模式和运作方式多种多样，根据不同的角度和需求可以分为 B2B、B2C、C2B、C2C、O2O 等。

一、B2B 模式

B2B (Business to Business) 是指商家与商家建立的商业关系。例如我们在肯德基中能够买到可口可乐，是因为肯德基与可口可乐建立了商业伙伴关系。在这种模式下，供应商和采购商之间直接进行交易，通过互联网平台进行信息交流和订单处理。B2B 模式在电子商务中占据重要地位，尤其是在跨境贸易和供应链管理方面。

B2B 模式主要有降低采购成本、降低库存成本、节省周转时间、扩大市场机会等优势。目前常见的 B2B 模式主要有垂直 B2B（上游和下游，可以形成销货关系）、水平 B2B（将行业中相近的交易过程集中）、自建 B2B（行业龙头运用自身优势串联整条产业链）、关联行业的 B2B（整合综合 B2B 模式和垂直 B2B 模式的跨行业 EC 平台）等。B2B 的主要盈利模式是：会员收费、广告费用、竞价排名费用、增值服务费、线下服务费、商务合作推广、按询盘付费等。

二、B2C 模式

B2C (Business to Consumer) 就是我们经常看到的供应商直接把商品卖给用户，即“商对客”模式，也就是通常说的商业零售，供应商直接面向消费者销售产品和服务。B2C 模式的优势在于可以快速接触到大量的消费者，提高销售额和市场份额，同时也给消费者提供了更加方便快捷的购物体验。

B2C 网站类型主要有综合商城（产品丰富的传统商城电子商务化）、百货商店（自有库存，销售商品）、垂直商店（满足某种特定的需求）、复合品牌店（传统品牌商的复合）、服务型网店（无形商品的交易）、导购引擎型（趣味购物、便利购物）、在线商品定制型（个性化服务、个性化需求）等。B2C 的盈利模式主要是服务费、会员费、销售费、推广费等。

三、C2B 模式

C2B (Customer to Business) 是“消费者对商家”的意思，相对于 B2C 而言，又称反向电子商务，是电子商务时代出现的消费者对企业的商业模式，指的是将客户作为供应链的中心，由客户通过电商平台按自己的需求定制商品，生产企业根据消费者的要求进行个性化定制生产。互联网的发展提高了消费者在交易过程中的话语权，使消费者可以在与企业的交易过程中掌握更大的主动权。C2B 模式的核心是聚合分散分布但数量庞大的用户形成一个强大的采购集团，以此来改变 B2C 模式中用户一对一出价的弱势地位，使之享受到以批发商的价格买单件商品的利益。

C2B 模式的一般运行机制是需求动议的发起、消费者群体自觉聚集、消费者群体内部审议、制订出明确的需求计划、选择合适的核心商家或者企业群体、展开集体议价谈判、进行联合购买、消费者群体对结果进行分配、消费者群体对本次交易结果进行评价、消费者群体解散或者对抗。

四、C2C 模式

C2C (Customer to Consumer) 是指客户通过在线拍卖、二手交易平台等方式，自己把东西放到网上去卖，是个人之间的电子商务。这种方式更加灵活自由，但同时也存在一定的风险和信任问题。C2C 的主要盈利模式是会员费、交易提成费、广告费用、排名竞价费用、支付环节费用等。

C2C 模式的一般运作流程是：卖方将欲卖的货品登记在社群服务器上、买方透过入口网页服务器得到货品资料、买方透过检查卖方的信用度后选择欲购买的货品、透过管理交易的平台分别完成资料记录、买方与卖方进行收付款交易、透过网站的物流运送机制将货品送到买方。

五、O2O 模式

O2O（Online To Offline）是指线上与线下相结合的电子商务模式。在这种模式下，企业通过互联网平台吸引消费者到线下实体店铺进行消费，或者通过线下体验引导消费者到线上平台购买。该模式最重要的特点是：推广效果可查，每笔交易可跟踪。O2O 模式的优势在于可以整合线上线下资源，为消费者提供更加全面的服务和体验，满足消费者多样化的需求。

第二节 电子商务供应链金融的发展演变

电子商务供应链金融是近年来兴起的一种金融服务模式，旨在通过运用互联网技术和金融创新，为电商企业提供资金流动、支付结算、风险管理等一系列服务。

一、电子商务供应链金融的发展分析

（一）电子商务供应链金融的规模不断扩大

随着电子商务行业的迅猛发展，越来越多的企业纷纷涉足电子商务供应链金融领域，这些企业包括电商平台、金融机构、供应商等各个环节的参与者。目前，大型电商平台不仅成为商品交易的平台，也开展了与供应链金融相关的业务，如融资服务、支付结算等。此外，传统金融机构也看到了电子商务供应链金融的发展潜力，纷纷加大对电商企业的支持力度。

（二）电子商务供应链金融的服务范围逐步扩大

在供应链金融模式下，金融机构不仅为电商企业提供融资服务，还提供一系列的增值服务，如支付结算服务、授信服务、风险管理服务等。这些服务的提供，为电商企业提供了更多的金融资源和支持，有助于提升其竞争力和发展潜力，同时也提升了供应链金融的综合服务能力。

（三）电子商务供应链金融的创新不断涌现

为了满足电商企业的个性化需求，金融机构积极创新供应链金融产品和服务。这些创新包括基于大数据和人工智能的风险评估模型、供应链金融科技的应用以及金融机构与电商平台的深度合作等。这些创新使得电商企业能够更加灵活和高效地获取金融资源，提升了供应链金融的服务质量和效率。

当然，电子商务供应链金融在快速发展的过程中也遇到一些困难和挑战，比如在跨境电商领域，存在着货币转换、支付结算等问题，需要寻找合适的解决方案。由于供应链金融是一个多方参与的系统，信息共享和信任建设也是一个亟须解决的问题。因此，为了进一步推动电子商务供应链金融的发展，需要加强行业协同和合作，方能推动电子商务供应链金融的健康发展。

二、线上供应链金融的演变路径

随着电商平台的兴起和快速发展，线上供应链金融在过去几年经历了一系列的演变。在早期阶段，线上供应链金融主要集中在资金借贷和支付结算方面。随着供应链金融需求的增加以及技术的不断创新，线上供应链金融逐渐发展为包括供应链金融解决方案、供应链管理和供应链金融服务等多个层面的综合型金融服务。

（一）资金借贷和支付结算方面

在资金借贷和支付结算方面，线上供应链金融通过电商平台为企业及个人提供融资和结算服务。电商平台可以利用自身的信息优势和数据分析能力，对供应商的交易数据和经营状况进行分析，为其提供贷款服务，并通过线上支付系统实现资金的流转。这种模式在一定程度上解决了企业融资难、融资贵的问题，提高了金融服务的效率和便利性。

（二）供应链金融解决方案方面

在供应链金融解决方案方面，电商平台通过构建供应链金融平台，为供应链各参与主体提供一系列的金融服务，包括供应商融资、订单融资和仓储融资等。通过供应链金融平台，供应商可以获得更多的融资渠道，提高资金周转效率；买家可以通过订单融资的方式实现先货后款，减小财务压力；物流企业则可以通过供应链金融平台获得更多的订单和业务，提高物流运作效率。

（三）供应链管理和供应链金融服务方面

在供应链管理和供应链金融服务方面，电商平台通过与金融机构合作，向供应链各参与主体提供一系列的金融产品和服务。这些金融产品和服务包括供应链金融综合服务平台、供应链金融风险管理工具和供应链金融培训等。通过供应链管理和供应链金融服务的结合，电商平台可以帮助企业提高供应链的运营效率和风险管理水平，并为其提供更全面、更精准的供应链金融服务。

电子商务的发展对供应链金融产生了深远的影响。传统的供应链金融模式主要依赖于实物流通，而电商平台的兴起使得供应链金融向线上转移，为企业提供了更加高效和便利的金融服务。通过线上供应链金融，企业可以更加灵活地进行融资，提高了资金使用的效率，同时也减少了融资的成本和风险。

第三节　基于 B2B 电商平台的供应链金融融资模式

一、基于 B2B 的电子仓单融资业务模式

基于 B2B 的电子仓单融资业务模式是一种供应链金融融资模式，通过电商平台的在线仓储和供应链管理系统，将仓单流转融资过程通过电子化的方式进行。该模式的主要参与主体包括核心企业、金融机构和供应商。

在该模式中，核心企业作为货权拥有方，将其拥有的仓单信息上传至

电商平台的供应链管理系统，并授权其他参与方进行查看。金融机构作为融资方，在核心企业发布仓单信息后，可以通过电商平台系统进行查看，并根据仓单价值进行融资决策。供应商作为货权消费方，在金融机构的融资审批通过后，可以通过仓单的转让完成融资。

该模式具有以下几个特点。一是通过电子化的方式，实现了对仓单信息的精准记录和实时管理，大大提高了融资效率。二是通过电商平台的信用评估机制和交易记录，为金融机构提供了更充分的信息，降低了融资风险。三是通过电商平台的供应链管理系统，实现了核心企业、金融机构和供应商之间的高效协同合作，提高了供应链金融的整体效益。

基于 B2B 的电子仓单融资业务模式，对于核心企业而言，仓单的产权归属和合法性认证是一个重要的问题；对于金融机构而言，在评估融资价值时，需要准确把握仓单的实际价值和市场流动性；对于供应商而言，在参与仓单融资时，需要充分了解其权益和责任，避免出现不必要的纠纷。

二、基于 B2B 的电子订单融资业务模式

基于 B2B 的电子订单融资业务模式可以说是电商平台供应链金融中的一种重要形式。在这种模式下，核心企业通过电商平台上的交易活动，为供应链中的其他参与主体提供融资服务，具体来说，当供应链中的供应商与核心企业之间产生交易时，核心企业可以将这些交易订单作为一种可贷款的资产，通过将这些订单转让给金融机构，获得相应的融资。

在这种模式下，供应商的融资需求可以得到满足，因为金融机构可以通过对这些订单的价值进行评估，并将其作为融资的抵押品。而核心企业也能够通过将订单转让给金融机构来获得资金，从而增加了现金流量。对于金融机构来说，这些订单在一定程度上具有较高的债权保值率，因此可以降低风险，并获得相应的收益。

基于 B2B 的电子订单融资业务模式的发展离不开电商平台的支持。电商平台在这种模式下充当着信用中介的角色，负责对核心企业和供应商的信息进行核实和验证，并提供相应的信用评级服务。这些信用评级信息可

以帮助金融机构判断供应商的信用状况，从而决定是否提供融资服务。通过电商平台的支持，整个融资过程实现了信息流动的高效和透明。

基于B2B的电子订单融资业务模式，在实际操作中要注意，核心企业和供应商之间的信息不对称可能导致信用评估的难度加大，进而会影响融资的顺利进行。由于订单交易的灵活性和复杂性，金融机构在进行融资决策时可能面临较大的不确定性。此外，在实际操作中，如何实现订单转让和回购也是一个需要解决的难题。

三、基于B2B的应收账款融资业务模式

基于B2B的应收账款融资业务模式可以帮助供应商解决短期资金流动性问题。在该业务模式下，供应商可以将其现在或未来预期的应收账款权利转让给金融机构或第三方平台，以获得即时的现金回笼。在这种模式下，供应商首先将其销售给买家的商品或服务提供给买家，形成一笔应收账款。然后，供应商可以将这笔应收账款权利转让给金融机构，金融机构根据应收账款的金额和到期时间向供应商提供相应的融资。供应商在经过一定期限后，根据应收账款到期时买方支付的金额，来清算这笔融资的本金和利息。

这种业务模式的一个优势是可以提高供应商的资金周转效率。通过将应收账款权利转让给金融机构，供应商可以在无须等待买方付款的情况下立即获得资金，从而解决短期资金不足的问题。另外，由于金融机构在这个过程中参与了应收账款的管理和追讨工作，因此供应商也可以减少相关的运营风险和成本。

这种业务模式下，买方的信用状况是影响供应商能否获得融资的重要因素。如果买方的信用状况不佳或存在违约风险，金融机构可能不愿意接受应收账款的转让，从而导致供应商无法获得融资。另外，这种业务模式的实施需要相关各方包括供应商、买方和金融机构之间进行良好合作和信息共享，缺乏有效的协作机制和信息系统可能会给业务的顺利开展带来一定的困难。

第四节 基于 B2C 电商平台的供应链金融融资模式

一、基于 B2C 的电子订单融资业务模式

基于 B2C 的电子订单融资业务模式可以有效帮助电商平台上的小微企业解决融资难题，推动其业务的发展。该模式主要将电商平台提供的订单信息作为资产，向供应商提供融资支持。具体而言，电商平台作为中介平台，通过与金融机构合作，对企业的订单信息进行加工与评估，然后将可信任的订单信息提供给金融机构作为融资的依据。

该模式的具体运作流程如下。首先，当消费者在电商平台上下单购买商品时，订单信息将被记录在电商平台的数据库中。接着，电商平台会将订单信息匹配给合适的供应商。供应商在接收到订单后，可以选择将订单信息提交给金融机构进行融资申请。金融机构在收到订单信息后，会对供应商进行信用评估，并根据评估结果提供相应的融资额度。供应商在获得融资后，可以将融资资金用于商品生产、配送等相关经营活动。消费者在确认收货后，将支付商品对应的订单金额给电商平台，电商平台再将该资金支付给供应商，供应商可用以偿还融资款项。

基于 B2C 的电子订单融资业务模式的优势在于，通过将订单信息作为融资依据，供应商无须抵押实物资产即可获得融资支持，有效解决了小微企业融资难题。同时，由于订单信息的可追溯性和可信任性，金融机构可以更准确地评估供应商的信用状况，降低融资风险。此外，电商平台作为中介平台，可以对供应链中的信息进行整合和加工，提高融资决策的效率和准确性。

基于 B2C 的电子订单融资业务模式下，由于供应商在等待消费者支付订单金额的过程中可能面临资金周转困难，因此供应商存在融资需求。融

资的可行性和额度大小会受到供应商的信用状况和订单信息的质量影响。此外，电商平台需要建立完善的订单信息管理和保护机制，以保证订单信息的准确性和安全性。金融机构需要进一步完善针对供应商的信用评估体系，提高风险控制能力。

二、基于B2C的供应商应收账款融资业务模式

基于B2C的供应商应收账款融资业务模式是一种在电商平台上实施的供应链金融融资模式。该模式的基本过程是，供应商通过电商平台上的B2C销售渠道向消费者出售商品或服务，并在交易过程中形成应收账款。供应商可以将这些应收账款转让给金融机构或平台方，以获取现金流。在这个过程中，电商平台扮演了重要的角色，提供交易撮合、资金管理、信用评估等支持服务。

该模式的具体运作方式如下。首先，供应商在电商平台上与消费者进行交易，形成应收账款。其次，供应商可以选择将这些应收账款转让给金融机构或平台方，进行应收账款融资。金融机构或平台方会对供应商的应收账款进行信用评估和风险控制，并提供相应的融资金额。最后，供应商获得融资后，可以用这部分资金满足其运营资金需求，提高经营效率。

这种基于B2C的供应商应收账款融资业务模式的优势主要体现在以下几个方面。首先，由于电商平台具有撮合作用，供应商能够更快地与消费者进行交易，并迅速形成应收账款，加快资金周转速度。其次，通过将应收账款转让给金融机构或平台方，供应商能够及时获得资金支持，解决资金短缺的问题，降低融资成本。此外，电商平台具有庞大的用户群体和丰富的交易数据，便于金融机构或平台方对供应商的信用进行评估，提供更准确的融资服务。

基于B2C的供应商应收账款融资业务模式也存在一些局限性，供应商需要具备一定的信用背景和交易记录，才能够获得融资支持。金融机构或平台方需要建立完善的风险管理体系，及时掌握供应商的经营状况和应付账款情况，以降低自身的风险。此外，该模式对电商平台的稳定性和可信

度提出了更高的要求，一旦电商平台出现问题，可能会对整个供应链金融系统造成一定的影响。

第五节 基于C2C电商平台的供应链金融融资模式

C2C电商平台作为电商平台的一种形式，已经成为供应链金融的重要途径之一。在这种模式下，个人或小企业可以通过C2C电商平台实现产品的销售和融资。

基于C2C电商平台的供应链金融模式主要包括以下3种。首先是个人供应链金融模式，即个人通过C2C电商平台出售自己的产品，并通过平台提供的金融服务获取融资支持。其次是小企业供应链金融模式，即小企业通过C2C电商平台进行产品销售，并通过平台提供的金融服务解决融资问题。最后是平台与金融机构合作的供应链金融模式，即C2C电商平台与金融机构合作，为平台上的个人和小企业提供融资服务。

个人供应链金融模式下，个人通过C2C电商平台销售自己的产品，可以将个人的销售数据和交易记录提供给金融机构，从而获得融资支持。同时，通过平台提供的信用评估系统和风控措施，金融机构可以对个人的信用状况和风险程度进行评估，进而确定融资额度和利率。

小企业供应链金融模式下，小企业通过C2C电商平台进行产品销售，可以借助平台上的金融服务解决融资问题。平台可以提供应收账款融资、订单融资等多种融资方式，为小企业提供灵活的融资选择。同时，平台可以通过对小企业的销售数据和交易记录进行分析，为金融机构提供参考，从而提高融资审批的效率和准确性。

平台与金融机构合作的供应链金融模式下，C2C电商平台与金融机构合作，为平台上的个人和小企业提供融资服务。平台可以通过与金融机构合作，为个体和小企业提供更多的融资通道和融资产品。同时，金融机构可以通过与平台的合作，获取更多的客户资源和销售数据，提升自身的金融服务能力和市场竞争力。

第六节　基于电商平台的供应链金融主体效益分析

一、核心企业效益分析

核心企业作为供应链金融的主要参与者之一，在电商平台供应链金融中扮演着重要的角色。分析核心企业在电商平台供应链金融中的效益情况，可以揭示该融资模式下核心企业的实际效益。

（一）获得更快的资金周转速度

传统的融资方式通常需要较长的时间和烦琐的手续，而电商平台供应链金融能够提供便捷的融资渠道，使核心企业能够更快地获得资金支持。这样可以确保核心企业及时采购原材料、增加库存等，从而更好地满足市场需求，增强企业的竞争力。

（二）降低融资成本

在传统的融资方式中，核心企业往往需要支付较高的融资利息或手续费。而电商平台供应链金融通过与金融机构合作，可以降低融资成本，为核心企业提供更加优惠的融资条件。这样不仅可以减轻核心企业的经济负担，还能够提高其利润水平。

（三）增强供应链管理能力

通过与金融机构合作，核心企业可以获取更多的供应链数据和信息，进一步加强对供应链的可控性和可视化管理。这样可以更好地协调供应链各环节，提高产品的供应和配送效率，降低库存和运输成本，从而进一步提升核心企业的综合竞争力。

（四）获得更多的业务拓展机会

通过与金融机构合作，核心企业可以借助金融机构的优势资源和品牌影响力，开展更多的产品和服务创新，拓宽业务领域，提高市场份额，增强盈利能力。这样可以使核心企业在行业中保持竞争优势，实现可持续发展。

二、物流企业效益分析

物流企业作为供应链金融中的重要参与主体，其在电商平台供应链金融中所获得的收益不容忽视。

（一）提高资金利用效率

传统的供应链中，物流企业需要提前垫付运输费用。但通过供应链金融，物流企业可以选择将应收账款转让给金融机构融资，从而将资金迅速回笼，提高了资金周转效率，缩短了资金周转周期。

（二）获得更多业务机会

通过供应链金融的支持，物流企业可以提供更加灵活的服务和融资方式，满足中小企业和个体经营者的需求，进一步拓展业务范围。此外，物流企业在供应链金融中扮演着重要的角色，不仅能够提供物流服务，还可以提供供应链金融信息等增值服务，增加了其商业价值和收益。

（三）降低交易风险

在传统的供应链中，物流企业承担着大量的交易风险，例如存货滞销、债务违约等。而通过供应链金融，物流企业可以将应收账款转让给金融机构，将部分风险转嫁给金融机构，减小自身的风险压力。

（四）增强竞争力

通过供应链金融，物流企业可以增强自身的竞争力。随着供应链金融的发展，物流企业可以通过将物流服务与金融服务相结合，提供一站式的供应链金融解决方案，差异化的服务能够帮助物流企业提高其市场占有率，增加了其与其他物流企业的竞争优势。

三、商业银行效益分析

商业银行在电商平台供应链金融中扮演着关键角色，可以通过提供融资服务获取相应的收益。商业银行的收益主要来源于以下几个方面。

（一）收取利息和手续费

在基于电商平台的供应链金融中，商业银行为参与主体提供融资服务，这些融资服务包括供应商应收账款融资、电子订单融资等。商业银行可以根据融资金额和融资期限来收取相应的利息，同时还可以收取一定的手续费。通过这些方式，商业银行可以获得一定的利润。

（二）提供其他产品和服务

在电商平台供应链金融中，商业银行除了提供融资服务外，还可以提供其他金融产品和服务，如支付服务、保险服务等。这些金融产品和服务的提供可以为商业银行带来相应的收益，从而增强其盈利能力。

（三）与电商平台合作

在电商平台供应链金融中，商业银行可以与电商平台建立战略合作关系，共同推动供应链金融的发展。商业银行可以获得电商平台的流量资源和客户资源，从而提高市场份额，增强盈利能力。同时，商业银行也可以通过与电商平台合作，共同开发和推出适合于电商平台的金融产品和服务，满足电商平台和参与主体的金融需求。

四、电商企业效益分析

在电商平台供应链金融中，电商企业是一个重要的参与主体。电商企业的收益主要来源于以下几个方面。

（一）提供平台服务

电商企业作为交易的中介平台，能够从供应链金融交易中获取一定的收入，其中包括提供金融服务的手续费以及与金融机构合作的分成收益。此外，电商企业能够通过供应链金融的发展，吸引更多的商家选择在其平台上进行交易，从而增加平台的交易量和交易额，进而增加广告费用等其他广告收入。

（二）改善风险管理和融资渠道

通过与金融机构合作，电商企业可以提供风险评估等服务，帮助商家筛选出信用较好的交易对象，降低交易风险。此外，电商企业还可以通过金融机构提供的融资渠道，降低自身的融资成本，进一步提升企业的盈利能力。

（三）与多方合作

电商企业通过与供应链金融机构合作，可以实现快速结算和资金流动，从而加快商家的资金周转，提供更加灵活的融资服务。这有助于缩短供应链的时间周期，提高供应链的效率，进而提升企业的市场竞争力。电商企业通过引入金融服务，能够提供更多的增值服务，例如信用评估、风险管理等，从而吸引更多的商家选择在其平台上进行业务合作。

第七节　基于电商平台的供应链金融融资模式案例

一、京东白条

京东白条是京东集团提供的一种 B2C 电子订单消费者融资模式，为消费者提供在线购物时的货款分期付款服务。

京东白条在 2014 年首次推出。在初始阶段，京东白条的功能较为简单，主要提供一种方便快捷的消费者融资方式。消费者在购物时可以选择使用白条进行分期付款，从而实现分期还款的灵活性和便利性。

随着时间的推移，京东白条逐渐发展壮大。在2016年，京东白条与京东金融合并，形成了一个更加完善和综合的金融服务体系。京东白条的功能也得到了进一步的丰富和扩展，它不仅可以在京东平台上使用，还可以在其他合作商家的平台上使用，扩大了应用范围和市场覆盖面。

此外，京东白条还不断通过技术创新和业务拓展来提升用户体验和服务质量。例如，引入了先消费后分期的灵活还款方式，提供了更加个性化和便捷的还款选项。

京东白条作为一种基于B2C电商平台的供应链金融融资模式，从最初的简单融资模式到如今的综合金融服务体系，不断迭代创新，为消费者提供了更加灵活和便利的消费者融资服务。这一发展历程不仅验证了供应链金融融资模式在电商平台上的可行性，也为其他电商平台探索和应用供应链金融提供了有益的参考。

二、直播电商

直播电商供应链金融是一种基于互联网电商平台的金融服务模式，主要服务电商直播行业，旨在解决直播中的流动资金问题，为电商企业提供快速、便捷的融资服务，提前回笼货款，加快资金周转速度，促进销售，以及为供应链上的中小微企业提供资金支持。通过与电商平台、技术公司、物流企业等合作，金融机构能够获取更准确的业务数据和信用信息，从而为电商供应链上的企业提供更优质、更匹配的金融服务。

随着直播电商市场竞争越来越激烈，要想在整个直播电商市场之中做大做强，现金流是否充足显得尤为重要。随之而来的垫资需求也呈现出不断增长的趋势，并且在直播行业中开始逐渐发挥重要作用。平台型的垫资不强依赖担保和抵押品，结合大数据技术，依据商家的交易、物流及店铺评分等信息建立风控模型，背靠银行 / 保理公司等机构的资金，合理合法合规地给商家提供融资服务。纯线上化操作，自动处理借还款，能做到融资订单回款用于还款，非融资订单回款由商家自由支配的程度。

第九章　商业银行的供应链金融

第一节　商业银行发展供应链金融的意义

商业银行供应链金融业务是指商业银行通过与供应链中各个环节的企业建立合作关系，为供应链企业提供融资、结算、风险管理和其他相关金融服务的业务模式。发展供应链金融是解决中小企业融资痛点难点的一大利器，更是有效推动产融结合、支持产业转型升级的有力抓手，有利于促进链内资金融通、提升链内运营效率，从而增强产业链整体竞争能力。由于供应链金融处于产业链供应链高质量发展、普惠金融、数字化转型、绿色金融、乡村振兴、场景金融、金融科技等各类金融服务和创新的交汇处，处于客户、交易、风控、收付、金融的连接点，因此几乎所有银行都将供应链金融作为其发展战略的重要组成部分。

一、对中小企业融资及其发展的意义

中小企业是国民经济的重要组成部分，在我国经济社会发展中日益发挥着不可替代的作用，是推动我国经济社会发展的重要力量。由于其规模较小、资金相对紧张以及信用程度较低等，中小企业在融资方面面临着较大的困难。因此，发展供应链金融对中小企业融资及其发展具有重要意义。

（一）供应链金融可以解决中小企业融资难、融资贵、融资慢、担保难的问题

传统的融资方式往往需要企业提供一定的抵押品或担保，而对于中小企业来说，这是一项较大的负担。而供应链金融利用供应链上的交易信息和交易背景，对中小企业进行信用评估，通过对中小企业在供应链上的位置和关系的把握，提供相应的融资服务，降低了中小企业融资的门槛，解决了其融资难题。

（二）供应链金融可以促进中小企业的发展

中小企业作为供应链上的一环，其业务往往受到资金链断裂和资金周转困难等问题的制约，导致中小企业无法及时采购原材料、扩大产能或开展新的业务。而供应链金融可以通过提供融资服务，解决中小企业的资金困境，增进与核心企业的业务合作关系，帮助中小企业稳定生产经营，并有助于中小企业创新和转型升级，推动中小企业的发展。

二、对商业银行自身发展的意义

商业银行大力发展供应链金融业务，可以深入参与产业链全流程，与企业形成产业链深度融合，实现长期合作共赢。

（一）推动商业银行对公业务转型

当前，商业银行对公业务发展面临越来越严峻的竞争与挑战。一是利率市场化改革持续推进，新冠疫情影响叠加产业转型升级，企业贷款资产质量承压，使得商业银行对公业务创收更加困难。二是以互联网平台为代表的新兴金融机构不断争夺中小微企业客户资源，商业银行下沉拓客获客面临更大竞争压力。三是直接融资渠道不断拓展，企业融资方式越来越丰富多样。商业银行对公业务形势严峻，未来经济发展更多依靠创新产业和企业，商业银行业务转型非常重要。在此背景下，商业银行发展供应链金融，可以与企业

实现深度合作，切实促进银企关系发展，为实现对公业务成功转型提供强有力的支持。

（二）供应链金融是商业银行获客的有力渠道

发展供应链金融有利于商业银行实现低成本批量获客，并针对场景设计产品，提升金融服务差异化竞争力。目前，我国商业银行发展场景金融创新和突破多体现在消费端，如医疗、教育场景下的消费贷，而对公业务的场景服务相对缺乏，属于蓝海市场，发展场景金融的获客与风控数据支持多依托于第三方平台，如大型互联网电商平台等，获客数据真实性与风险管理效率有待提升，且与大型互联网平台等第三方机构的合作成本相对较高。供应链金融实质上属于场景金融，通过将金融服务嵌入供应链，依托核心企业或平台的数据和信息，实现批量获客、精准服务、降低成本和风险。近年来，我国上下游产业链发展日趋完善，产业链内数据信息的整合和利用效率有了明显提升，但相比于互联网平台对消费端数据的整合，还有很大提升空间。

（三）增强商业银行的盈利能力

供应链金融业务的发展可以为商业银行带来更多的融资业务机会，进而增强其盈利能力和竞争力。传统的商业银行业务模式下，商业银行的主要收入来源是贷款利息和手续费，但随着金融市场竞争的加剧以及利率市场化的推进，传统贷款业务的利润空间日益受限，传统贷款业务的利润逐渐减少，而供应链金融业务则具有更大的利润空间。商业银行通过与供应链上下游企业的合作，可以提供多样化的金融产品和服务，从而扩大其融资业务规模。此外，供应链金融业务的发展还可以为商业银行带来更多跨界合作机会。在供应链金融业务中，商业银行与供应链上下游企业密切合作，了解并把握企业的需求，为企业提供全方位的金融服务，从而增强与企业的合作关系，建立稳定的客户基础，为商业银行的利润增长奠定坚实基础。

三、对整个社会经济发展的意义

供应链金融业务的发展对整个社会经济的稳定和可持续发展具有积极意义。供应链金融业务的发展可以提升整个供应链的运作效率和风险控制能力，改善供应链上下游企业之间的资金流通问题，减少供应链融资中的信息不对称和交易成本。这将有助于推动社会资源的优化配置，提高整个经济系统的效率，减少资源浪费，实现经济可持续发展的目标。

第二节　我国商业银行供应链金融发展概况

供应链金融业务在我国商业银行已经得到广泛的应用和发展。首先，针对不同行业领域的中小企业，商业银行提供了多种形式的供应链金融产品，这些产品可以满足企业的融资需求，并且能够有效解决中小企业融资难、担保难的问题。其次，商业银行在供应链金融业务中发挥了积极的作用，提供了一系列除融资外的增值服务，如应收账款催收、管理，账户结算，信息服务等，为企业的供应链运作提供了全方位的支持。

一、我国商业银行供应链金融发展历程

我国商业银行供应链金融业务发展历史可以追溯到20世纪80年代末期，当时国内一些领先的商业银行开始开展与供应链金融相关的业务。在供应链金融业务发展之初，供应链金融的概念和理论尚未形成，我国商业银行主要采用传统的信贷模式，即直接向核心企业提供信贷支持，以解决其资金需求。这种业务模式相对简单，适用范围较窄，主要覆盖大型企业和特定行业。在20世纪90年代后期和21世纪初，越来越多的商业银行开始涉足供应链金融业务，当时国内公认的供应链金融业务做得最好的商

业银行是深圳发展银行。整个银行业供应链金融快速发展是在2008年金融危机之后，在全球经济下滑的背景下，我国政府积极推动结构转型和经济升级，并将供应链金融作为一项重要措施促进经济发展。在此背景下，我国商业银行开始大力发展供应链金融业务。

随着时间的推移，我国商业银行逐步丰富和完善了供应链金融业务的种类。除了传统的信贷业务外，商业银行开始引入保理、融资租赁、票据贴现等多种供应链金融产品，以满足不同企业的融资需求。

二、我国商业银行供应链金融涉足领域

国内商业银行供应链金融涉足的行业领域较为广泛，覆盖了大多数领域的企业。首先是制造业，包括机械制造、汽车制造、电子制造等行业，这些行业通常存在较长的生产周期和大量的资金需求，与商业银行的供应链金融业务需求相匹配。其次是零售和批发业，这些行业通常涉及供应链中的多个环节，商业银行通过提供融资服务，帮助企业解决资金周转问题。再次是快消品行业，例如食品、饮料等行业，由于其产品特性，企业需要快速、高效的资金流动，商业银行的供应链金融业务可以提供相应的融资解决方案。此外，还有建筑、能源、化工等行业也是商业银行供应链金融涉足的领域。可以说，国内商业银行在供应链金融领域覆盖了各个行业，为不同行业的企业提供了定制化的金融服务。

三、我国商业银行供应链金融发展特点

（一）业务种类以授信业务为主

授信业务是商业银行向供应链中的各个环节提供融资支持的核心内容。商业银行在供应链金融业务中，在供应链的各个环节中为供应商、生产商、经销商等提供授信融资服务，以满足其资金需求。

供应商贷款是指商业银行向供应链上的供应商提供的短期授信贷款，用于帮助供应商解决流动资金问题，确保其正常生产经营。供应商贷款可提供灵活的授信额度和期限，并可根据供应商的资信状况和交易情况进行

动态调整。

生产商贷款是指商业银行向供应链上的生产商提供的中期和长期授信贷款，用于满足生产商的资金需求，支持其扩大生产规模和提高生产效率。生产商贷款的授信期限相对较长，可以根据生产商的资本运作和销售情况进行适当的调整。

经销商贷款是指商业银行向供应链上的经销商提供的短期和中期授信贷款，用于帮助经销商解决资金周转问题，支持其销售和营销活动。经销商贷款的特点是额度相对较小、授信期限相对较短，能够满足经销商的流动资金需求。

（二）营销模式以“1+N”模式为主

商业银行在发展供应链金融业务时，常采用的一种营销模式是“1+N”。在这种模式下，商业银行以核心企业为中心，与上下游的各个企业建立合作关系，形成一个供应链生态系统。核心企业作为主要合作对象，与多个上游原料供应商、下游零售商或分销商等其他企业建立合作伙伴关系，并与它们共同制定供应链金融方案。“1+N”模式中的“1”代表核心企业，而“N”代表与核心企业合作的上下游企业数量，可以是多个。

采用“1+N”模式的商业银行能够通过与核心企业的合作，获取更多的商机和客户资源。核心企业作为供应链的中心，掌握了整个供应链上下游的客户和资源。商业银行通过与核心企业合作，可以借助核心企业的资源，更好地了解和服务其他下游企业。

通过与多个上下游企业合作，商业银行可以满足不同企业的金融需求，并提供多样化的金融产品和服务。不同企业在供应链中所处的位置和采取的业务模式可能有所不同，它们的融资需求和风险情况也不尽相同。商业银行可以针对不同的企业提供定制化的金融方案，满足它们的具体需求，并提供相应的风险管理措施。

采用“1+N”模式的商业银行还能够充分发挥核心企业的示范作用，引领其他上下游企业发展供应链金融业务。核心企业作为供应链的中心和领导者，在与商业银行合作的过程中，可以向其他上下游企业传递自己对供应链金融业务的认可和推广，从而进一步扩大供应链金融的规模和影响力。

（三）风险管理以传统流动资金贷款的风险控制体系为主

在商业银行的供应链金融业务中，风险管理是一个至关重要的环节。当前，我国商业银行在供应链金融业务中采用的风险管理方式主要是传统流动资金贷款的风险控制体系。

传统流动资金贷款的风险控制体系主要包括风险预测、风险识别、风险评估和风险控制 4 个环节。在风险预测环节，商业银行需要对借款企业的信用记录、财务状况以及行业发展趋势等进行分析，预测可能出现的风险。在风险识别环节，商业银行需要对借款企业的经营状况、现金流和供应链关系等进行审查，以确定可能存在的风险点。在风险评估环节，商业银行需要综合考虑各种因素，对风险进行评估，并确定适当的风险控制措施。在风险控制环节，商业银行需要采取多种手段，如抵押、质押、担保等，来降低风险并保障自身利益。

在目前的商业银行供应链金融业务中，传统流动资金贷款的风险控制体系存在一些问题。供应链金融业务的特点是多方参与、信息流通畅等，传统的风险控制体系往往无法全面覆盖供应链的整个环节，导致风险无法得到有效的控制。传统的风险控制体系主要基于金融指标对企业风险进行评估，忽视了供应链中非金融因素对风险的影响，因此对风险的控制力较弱。因此，为了保证供应链金融业务的风险可控性和稳定性，商业银行需要加强风险管理方式的改进和创新。

四、我国商业银行供应链金融发展难点

（一）应收账款确权难

商业银行在对中小微企业应收账款的真实性进行审核时，需要核心企业就贸易过程中的合同、出库单、运输单等的真实性进行签字盖章（即对

应收账款进行“确权”)。然而在实践中，核心企业通常并不十分愿意配合，由此造成应收账款无法确权。总体来看，应收账款确权难的根源在于核心企业通过自身优势地位，利用赊销、压货、延长账期等手段，将资金压力转嫁到供应链上处于弱势地位的上下游中小微企业。

(二)业务开展过度依赖核心企业

供应链融资业务本质是以核心企业的信用和偿债能力为依托，以其与上下游企业的交易为信用标的，为产业链上下游相关企业提供融资。核心企业需要承担信用额度分享、信用担保、信息沟通等责任，这加大了核心企业的财务成本和管理成本。如果核心企业不愿意或不能够与上下游企业形成这种信息共享、风险分担、有效管理的链条协作关系，那么供应链金融发展将难以推进。

(三)操作风险管理难度大

不同于传统授信业务以企业信用为基础，供应链金融通过自偿性的交易结构设计，构筑了独立于企业信用风险的第一还款来源。但这无疑对操作环节的严密性和规范性提出了很高的要求，并造成了信用风险向操作风险的转移，交易是否真实、交易标的物价值是否公允等将成为判断风险最主要的依据。

(四)对产业链的研究不够

供应链金融模式使得传统“一对一”放贷风险变成“一对多”关联风险，加大了金融机构风险管控难度，这就要求商业银行在涉足供应链金融业务时要加强产业研究，对产业分布、运营、交易以及影响因素了解清楚、研究透彻，把单个企业的不可控风险转化为整个供应链的可控风险。但目前，商业银行在供应链金融服务方面多以核心企业的主体信用为依据，以传统标准化产品(如仓单存货质押、应收账款或预付账款融资、反向保理等)为主，差异化和专业化水平都明显不足。

第三节　我国商业银行发展供应链金融的 SWOT 分析

一、我国商业银行发展供应链金融的优势

我国商业银行发展供应链金融的优势主要表现在以下 4 个方面。

（一）我国商业银行在供应链金融业务发展中具有广泛的客户群体

我国经济结构转型期间，中小企业大量涌现，这些企业需要融资支持来满足其业务需求。商业银行作为最主要的融资渠道之一，通过发展供应链金融业务，能够更好地服务这些中小企业，提供针对性的金融产品和解决方案，满足其融资需求。

（二）我国商业银行在供应链金融领域具有丰富的资源

商业银行作为金融机构，拥有庞大的资金池和丰富的金融产品线，能够提供多样化的融资方式和定制化的金融服务。商业银行还拥有完善的风险管理体系和信用评价体系，能够有效地对供应链金融业务进行风险控制和信用评估，保障业务的安全性和可持续发展。

（三）我国商业银行在政策支持上具有优势

随着我国经济的快速发展，政府对供应链金融业务的支持力度不断加大，从中央到地方，近年出台了很多关于支持供应链金融健康发展的指导意见和政策。商业银行通过与政府合作，可以获得更多的政策支持和资源倾斜，增加业务发展的机会，增强自身的竞争力。例如，商业银行可以通过政府的政策补贴和贷款担保，降低供应链金融业务的风险和成本，提高盈利能力和市场份额。

（四）我国商业银行在技术创新方面具有一定的优势

随着信息技术的快速发展，商业银行通过引入互联网、大数据、人工智能等新技术，能够提高供应链金融的效率和服务质量，实现更加精准的风险管理和信用评价。此外，商业银行还可以通过开展供应链金融电子化平台建设，实现信息共享和业务互联互通，提升客户体验和商业银行的竞争力。

二、我国商业银行发展供应链金融的劣势

我国商业银行发展供应链金融的劣势主要表现在以下 3 个方面。

（一）我国商业银行在供应链金融方面的经验与国外商业银行相比相对较少

与国外商业银行相比，我国商业银行在供应链金融领域的发展时间较短，积累的经验相对有限。由于缺乏经验的积累，我国商业银行在开展供应链金融业务时容易遇到各种问题，包括融资审核不严谨、风险评估不准确等，这些问题可能影响到业务的发展和风险的控制。

（二）我国商业银行在供应链金融业务中的信息不对称问题较为突出

供应链金融业务中的信息流动对于商业银行的风险控制和信用评价非常重要。然而，由于我国供应链金融市场还处于初级阶段，供应链各环节的信息难以实时获取和共享，导致商业银行在供应链金融业务实施过程中很难准确评估各方的信用状况和还款能力，这给商业银行带来了较大的风险。

（三）我国商业银行的内部运营和风控体系相对薄弱

与发达国家相比，我国商业银行，尤其是地方性的小银行，内部运营和风险管理体系仍不完善，面临着一些风险管理能力较弱、内部操作风险较高的问题。这些问题可能会在商业银行发展供应链金融业务时造成一系列的风险，并给供应链金融业务的稳健发展带来一定的影响。

三、我国商业银行发展供应链金融的机遇

（一）我国经济快速发展和社会结构转型，为商业银行供应链金融业务发展提供了良好契机

随着经济的快速增长，中小企业融资需求日益增加，这为商业银行提供了一个广阔的市场空间。与此同时，随着供应链金融业务的发展，商业银行也能够通过提供供应链金融服务，更好地支持中小企业的发展，提高其市场竞争力。

（二）我国金融体系逐渐完善，为商业银行发展供应链金融业务提供了法律保障

在过去的几年里，我国加大了金融改革力度，逐步完善了信用体系，并加大了对金融风险的监管力度。这使得商业银行在供应链金融业务的开展过程中能够更好地依靠信用评估和风险控制机制，有效防范风险。

（三）随着银企合作的深入推进，商业银行发展供应链金融业务的条件更加成熟

过去，商业银行主要通过与企业签订贷款协议来开展业务，与企业的合作相对简单。而现在，随着供应链金融业务的发展，商业银行需要更加深入地了解企业的供应链体系，并与企业进行更加全面的合作。这就要求商业银行具备更强的专业能力，同时与企业建立更加深入和细致的合作关系，这也为商业银行提供了更多的机会和挑战。

四、我国商业银行发展供应链金融的威胁

我国商业银行在发展供应链金融业务过程中面临着一些威胁。

（一）竞争对手是一个重要的威胁因素

中国在 2001 年加入世界贸易组织（World Trade Drganization，WTO）后，开始逐步放开外资银行进入中国市场的限制。随着外资银行业务的拓展，

它们在我国金融体系中占有越来越重要的地位。国内外竞争对手的不断涌入，会压缩商业银行的市场份额。同时越来越多的非银行类金融服务机构也会提供更加便利和多元化的金融服务，在填补市场空白的同时，也在逐步侵蚀商业银行原有的市场份额。

（二）操作风险是一个潜在的威胁因素

供应链金融业务需要金融机构与各个参与方进行合作与协调，而且需要处理大量的数据和信息，因此操作风险也相对较高。如果金融机构在供应链金融业务的操作过程中存在不当决策或者数据错误，将会对整个业务链产生不利影响。

（三）市场风险是一个典型的威胁因素

市场环境的变化会对供应链金融业务产生较大影响，可能会导致供应链金融业务的需求下降或者相应的金融产品失去竞争力。特别是在经济下行时期，供应链金融业务面临的市场风险更加突出。

第四节　我国商业银行供应链金融发展对策

一、营造适宜供应链金融发展的经济金融环境

（一）增强企业供应链管理意识

目前，许多企业对供应链管理的认识仅停留于传统的物流管理层面，缺乏对整体供应链的综合认识和把握，这也影响了商业银行在供应链金融业务发展中对风险的识别和控制。商业银行可以通过加强供应链管理知识的普及和传播、建立企业供应链管理能力评估体系、加强企业间的合作与沟通以及推动企业内部的供应链管理改革等方式，提高企业对供应链管理的重视，加深企业对供应链管理的认识，为商业银行供应链金融业务的发

展提供有力支持。

（二）加快电子信息平台建设

对于国内的一些中小商业银行来说，业务发展欠缺稳定的技术平台支持是一个重要的问题。供应链金融作为一种综合性的金融业务，需要借助先进的信息技术和数据管理系统来支持其运营和发展。商业银行应积极投入资源，加大对电子信息平台建设的支持和投入，与各参与方共同推动电子信息平台的建设和应用，提升供应链金融服务水平，推动我国商业银行供应链金融业务的健康发展。

（三）促进物流企业的发展

供应链金融的成功实施需要物流企业的密切配合和支持。物流企业在供应链中扮演着重要角色，其能力和效率直接影响着供应链金融的顺利进行。为促进物流企业的发展，商业银行可以从加强金融支持、提升管理水平和技术能力、推动信息化建设、建立信用评价体系和加强合作与沟通等方面进行努力。实施这些措施，可以有效促进物流企业的发展，推动供应链金融业务的顺利进行，实现商业银行与物流企业共同发展的目标。

（四）建立健全相关法律法规

建立和完善相关的法律法规，可以为商业银行开展供应链金融业务提供合法依据，明确各方的责任和义务，保护各方的合法权益，促进供应链金融业务的稳定和健康发展。同时，国家需要加强对商业银行开展供应链金融业务的监管和监督、建立完善的纠纷解决机制、加强对商业银行开展供应链金融业务的信息披露和宣传等。

二、建立独立于传统信贷的风险管理体系

（一）加强客户及第三方物流企业的信用管理

商业银行需要建立完善的客户信用评估体系，通过对客户的经营状况、信用记录、财务状况等方面的评估，准确评估客户的信用风险。商业银行需

要对第三方物流企业的经营状况、资质认证、合规情况等进行审查，并通过与第三方物流企业签订合作协议，建立风险控制机制，确保其信用风险的可控性。此外，商业银行还应加强对客户和第三方物流企业的动态监控和管理。

（二）加强现金流的控制和管理

在供应链金融中，现金流的控制和管理涉及供应链各个环节的资金流动与流转，直接影响到整个供应链金融业务的效率和风险控制。商业银行需要建立完善的现金流管理制度和流程，确保供应链金融业务中的资金流动符合相关规定，并及时采取措施解决资金短缺等问题。商业银行还需要加强对供应链金融中各个环节资金使用的监控和管理，防范资金风险和流动风险。

（三）加强贸易真实性审查，防范信用风险

商业银行通过建立完善的贸易真实性审查制度、加强对客户和第三方物流企业的信用管理、加强现金流控制和管理、利用技术手段等方法，可以有效减少信用风险的发生，保障在供应链金融领域的稳健经营。例如，通过建立智能供应链金融平台，实现贸易数据的实时监控和分析，及时发现异常交易和潜在风险；还可以利用大数据和人工智能技术，建立起信用评分模型和风险预警系统，提高贸易真实性审查的准确性和效率。

（四）根据产业特点和成员需求采用结构性授信

商业银行开展供应链金融业务时，应根据不同产业的特点和参与成员的实际需求，采用结构性授信，为企业提供个性化的融资服务。通过灵活调整授信方案、选择合适的授信模式和提供专业化的融资产品，商业银行可以更好地满足企业的融资需求，促进供应链金融业务的发展。

（五）尝试金融业务外包，规避信用风险

外包金融业务的一个明显优势是能够减少商业银行的信用风险暴露。通过与专业的金融机构合作或将金融业务外包给第三方服务提供商，商业银行可以将一部分风险分散到更具专业能力的机构上。将金融业务外包给专业机构后，商业银行可以将更多资源集中在核心业务上，提高其服务质

量和效率。同时，专业机构在金融领域有着丰富的经验和专业知识，能够提供更专业的金融服务，为商业银行的客户带来更优质的金融服务体验。

三、建立以业务线为主导的银行组织架构

在传统的银行组织架构中，各业务线之间往往相对孤立，难以形成有效的协同机制。而在供应链金融领域，各个业务环节之间存在着密切的联系和互动，商业银行需要建立一个以业务线为主导的组织架构，以便更好地整合和协调各个业务环节，提高业务的效率和质量。我国商业银行可以借鉴外资银行的成功经验，建立以业务线为主导的组织架构，培养专业化团队，建立信息技术支持系统，推动供应链金融业务的发展。

第五节 我国商业银行供应链金融实践案例

一、招商银行的供应链金融

（一）招商银行的“贸易链融资”产品体系

“贸易链融资”产品体系是招商银行供应链金融业务的一种主要模式。该模式通过资金链和物流链的有效结合，为参与贸易活动的企业提供全方位的金融服务和支持。在这个模式下，招商银行基于核心企业和供应商之间建立的合作关系，为核心企业提供资金，并通过融资模式来管理供应链中的资金流动。

具体来说，“贸易链融资”模式是在核心企业与供应商之间建立一种信任关系的基础上，通过招商银行的融资支持，使供应商获得及时的流动资金，从而确保核心企业的供应链畅通。这种模式主要通过以下几个步骤实现。首先，核心企业向供应商提供订单，并与供应商签订合同。然后，供应商将订单和合同作为招商银行融资的基础，向招商银行申请融资。招

商银行在审核订单和合同的真实性和有效性后，向供应商提供融资支持。最后，供应商在交付货物或完成服务后，向招商银行偿还融资款项。

在这种模式下，核心企业、供应商和招商银行共同形成了一个紧密的合作关系，各方的利益得到了有效的维护。核心企业通过提供订单和合同，获得了及时的供应链金融服务，并提升了自身的竞争力。供应商通过获得融资支持，得到了流动资金的保障，有利于其业务的发展和扩大。而招商银行则通过“贸易链融资”模式，实现供应链金融业务的快速发展，同时获取了相应的利润。

（二）招商银行的供应链金融业务管理模式及风险控制

在供应链金融业务发展过程中，业务管理模式和风险控制是至关重要的。招商银行作为一个典型的国内商业银行，在供应链金融业务发展中采用了一系列措施来保证业务的顺利进行。

1. 建立完善的业务流程和管理系统

在供应链金融业务中，涉及众多的环节和参与方，因此良好的业务流程和管理系统对于提高效率和保证风险控制至关重要。招商银行通过建立一套规范而灵活的业务流程，将各参与方的责任及时明确，并采用先进的信息技术手段进行管理和监控，实现全流程的可视化、可控化，从而确保业务的高效和准确。

2. 注重与企业的合作和沟通

在供应链金融业务中，银行与企业需要进行密切的合作和沟通，以便了解企业的真实情况，并对其进行真实可靠的信用评估。招商银行通过与企业建立长期稳定的业务合作关系，并派遣专门的业务团队与企业进行沟通和交流，了解其发展需求和风险状况，并根据企业的实际情况提供个性化的供应链金融解决方案。

3. 采取一系列措施来管理风险

首先是建立完善的风险管理体系，包括明确的风险管理政策和流程，并制定相应的风险管理指标和控制方法。其次是设立专门的风险管理部门，负责监测和评估风险状况，并提出相应的应对措施。此外，招商银行还注重风险的预警和监测，及时发现和应对潜在的风险事件。

4. 重视技术支持和创新

在供应链金融业务中，技术的应用和创新对于提高业务效率和降低成本具有重要意义。招商银行通过自身的技术实力和与外部科技公司的合作，不断优化和完善供应链金融的电子技术平台，提供更加方便快捷的业务操作和信息查询服务，并不断进行技术创新，引入新的技术手段，如人工智能、区块链等，以提升供应链金融业务的智能化和安全性。

（三）招商银行供应链金融的电子技术平台

招商银行供应链金融电子技术平台是其供应链金融业务中的重要组成部分。该技术平台扮演着信息管理和交易处理的重要角色，能够提高银行与客户之间的信息传递效率，减少操作风险，并实现供应链金融的快速发展。

招商银行供应链金融电子技术平台主要包括以下两个功能。第一，该技术平台提供了供应链金融的各类业务操作接口，如融资申请、授信审批、放款操作等，实现了供应链金融业务的在线化处理。第二，该技术平台提供了与供应链金融业务相关的信息服务，包括企业信息查询、交易信息查询等，方便企业和银行进行信息共享和沟通。

招商银行供应链金融电子技术平台的建设还有效提高了供应链金融业务的风险管理水平。通过电子系统的实时监控和风险预警机制，招商银行能够更好地掌握客户的信用状况和交易风险，及时采取相应的措施进行风险控制。此外，该技术平台还能够提供完善的数据分析功能，通过对企业交易数据的统计和分析，为招商银行提供更准确的信用评估和风险预测，提升风控管理的能力。

二、浙商银行“供应链金融工厂”专营模式

2023 年 7 月 31 日，浙商银行杭州分行“供应链金融工厂”正式挂牌，浙商银行、吉利控股、中国宝武欧冶金诚、浙江省交投、浙江省省国贸、

政采云、卖好车、国网英大等链主企业代表也一同参加了挂牌仪式。

作为制造业大省，浙江率先在国内开展“产业大脑”建设，提出到2025年年底实现百亿级产业集群“产业大脑”应用全覆盖。而随着浙商银行系统开启数字化改革，基于产业数据的“产业大脑”数智金融服务模式不断升级。浙商银行已实现智能电气、电机、化工、化塑、畜牧等多个“产业大脑”合作项目落地，实现“一点授信、链式用信”的供应链金融综合服务应用，作为浙商银行数字化改革最为突出的标志性成果，入选了2022年浙江省数字化改革“最佳应用”。

在“深耕浙江”“聚焦弱敏感资产”的战略引领下，浙商银行持续外拓在供应链金融领域的优势，设置与公司银行部平级的供应链金融部，积极拓展核心企业的上下游客户，其供应链金融业务在科技研发、客群基础、组织架构等方面均具有强大优势。

浙商银行杭州分行以打造供应链金融标杆行为目标，充分发挥大本营分行优势，在充分调研多家供应链核心企业的基础上，针对传统供应链体系的六大核心痛点，以及专业化体系不全、数字化程度不高、前台化触点不足的三大问题，在总行的支持下，提出“供应链金融工厂”专营模式。

万联网介绍，“供应链金融工厂”的成立，是浙商银行杭州分行深化改革，全面整合前中后台，开启的一次供应链金融服务体系的迭代升级。通过该模式，浙商银行杭州分行将进一步实现服务专业化、数字化及前台化。相关负责人介绍，该行通过供应链特色支行的设立及专属风控团队的配备，形成了“专业化经营 + 过程化风控 + 标准化管理 + 全流程服务”的特色专营模式，大幅提升了服务效率。同时，该行全面加强供应链金融场景研究，为汽车、电力、能源、通信、钢铁、安防、建工等行业开发了更加有行业契合度的供应链产品体系，依托供应链工厂的专业团队为各核心企业提供个性化、定制化的解决方案。此外，该行将为供应链金融业务配备专属科技力量，持续提升用户体验，加大对系统对接、技术开发、平台共建的支持力度，让区域产业链企业共享浙商银行数字化改革的成果。

第十章　供应链金融风险管理

第一节　风险与风险管理概述

一、风险及其分类

企业风险是指未来的不确定性，会对企业实现其经营目标产生影响。企业风险与企业战略相关，风险是一系列可能发生的结果，而不能简单理解为最有可能的结果，风险既有客观性又有主观性，风险往往与机遇并存。

企业面对的主要风险可分为两大类：外部风险和内部风险。外部风险主要包括政治风险、法律风险、合规风险、社会文化风险、技术风险、市场风险等；内部风险主要包括战略风险、运营风险、财务风险等。

政治风险是指完全或部分由政府官员行使权力和政府组织的行为而产生的不确定性。

法律风险是指企业在经营过程中，因自身经营行为的不规范，或者外部法律环境发生重大变化，而造成不利法律后果的可能性。

合规风险是指因违反法律或监管要求而受到制裁、遭受金融损失，以及因未能遵守所有适用法律、法规、行为准则或相关标准而给企业信誉带来损失的可能性。

社会文化风险是指文化这一不确定性因素给企业经营活动带来的影

响。从文化风险成因来看，文化风险存在并作用于企业经营的更深领域，主要有以下 3 个方面：一是跨国经营活动引发的文化风险；二是企业并购活动引发的文化风险；三是组织内部因素引起的文化风险。

技术风险指伴随着科学技术的发展、生产方式的改变而发生的风险。技术风险的种类有很多，其主要类型是技术不足风险、技术开发风险、技术保护风险、技术使用风险、技术取得和转让风险等。

市场风险是指企业所面对的外部市场的复杂性和变动性所带来的与经营相关的风险。依据国务院国资委印发的《中央企业全面风险管理指引》，市场风险至少包括以下几个方面。

（1）产品或服务的价格及供需变化带来的风险。

（2）能源、原材料、配件等物资供应的充足性、稳定性和价格变化带来的风险。

（3）主要客户、主要供应商的信用风险。

（4）利率、汇率、股票价格指数的变化带来的风险。

（5）潜在进入者、竞争者、替代品的竞争带来的风险。

战略风险是指企业在运用各类资源与能力追求发展的过程中，因自身要素与外部复杂环境匹配失衡而引发企业在实现战略目标中带来的各种阻碍或者机遇。

运营风险是指企业在运营过程中，由于内外部环境的复杂性和变动性，以及主体对环境的认知能力和适应能力的有限性而导致的运营失败，或是运营活动达不到预期目标的可能性及损失。

财务风险是指企业在生产经营过程中，由于内外部环境的各种难以预料或无法控制的不确定因素的作用，使企业在一定时期内所获取的财务收益与预期收益发生偏差的可能性。财务风险是客观存在的，企业管理者只能采取有效措施来降低财务风险，而不可能完全消除财务风险。

二、风险管理的含义

《中央企业全面风险管理指引》给出全面风险管理的定义，是指企业围绕总体经营目标，通过在企业管理的各个环节和经营过程中执行风险管理的基本流程，培育良好的风险管理文化，建立健全全面风险管理体系，包括风险管理策略、风险理财措施、风险管理的组织职能体系、风险管理信息系统和内部控制系统，从而为实现风险管理的总体目标提供合理保证的过程和方法。

三、风险管理的目标

传统的风险管理与企业战略联系不紧密，目标是转移或避免风险，重点放在对公司行为的监督和检查上，而全面风险管理则紧密联系企业战略，为实现公司总体战略目标，寻求风险优化措施。《中央企业全面风险管理指引》指出，企业开展全面风险管理要努力实现以下风险管理总体目标。

（1）确保将风险控制在与总体目标相适应并可承受的范围内。

（2）确保内外部，尤其是企业与股东之间实现真实、可靠的信息沟通，包括编制和提供真实、可靠的财务报告。

（3）确保遵守有关法律法规。

（4）确保企业有关规章制度和为实现经营目标而采取重大措施的贯彻执行，保障经营管理的有效性，提高经营活动的效率和效果，降低实现经营目标的不确定性。

（5）确保企业建立针对各项重大风险发生后的危机处理计划，保护企业不因灾害性风险或人为失误而遭受重大损失。

四、风险管理的基本流程

风险管理的基本流程如下。

（一）收集风险管理初始信息

收集风险管理初始信息是风险管理基本流程的第一步。企业要广泛地、持续不断地收集与本企业风险和风险管理相关的内外部初始信息，包括历史数据和未来预测。企业应把收集初始信息的职责分工落实到各有关职能部门和业务单位，并根据所分析的风险类型具体展开。

（二）进行风险评估

完成了风险管理初始信息收集之后，企业要对收集的风险管理初始信息和企业各项业务管理及重要业务流程进行风险评估。风险评估包括风险辨识、风险分析、风险评价3个步骤。

（三）制定风险管理策略

风险管理策略是指企业根据自身条件和外部环境，围绕企业发展战略确定好风险偏好、风险承受度、风险管理有效性标准，选择风险承担、风险规避、风险转移、风险转换、风险对冲、风险补偿、风险控制等适合的风险管理工具，并确定风险管理所需人力和财力资源的配置原则的总体策略。

（四）制定和实施风险管理解决方案

制定风险管理策略后，企业需要制定和实施风险管理解决办法，也就是执行前一阶段制定的风险管理策略，进一步落实风险管理工作。在这一阶段，企业应根据风险管理策略，针对各类风险或每一项重大风险，制定风险管理解决方案。该方案一般包括风险解决的具体目标，所需的组织领导，所涉及的管理及业务流程，所需的条件、手段等资源。

（五）风险管理的监督与改进

企业应以重大风险、重大事件和重大决策、重要管理及业务流程为重点，对风险管理初始信息、风险评估、风险管理策略、关键控制活动及风险管理解决方案的实施情况进行监督，采用压力测试、返回测试、穿行测试以及风险控制自我评估等方法，对风险管理的有效性进行检验，根据情况变化和存在的缺陷及时加以改进。

第二节 供应链金融风险的影响因素

供应链金融作为供应链参与者之间依托金融资源实现商流、物流结合的一种创新行为，必然会受到各种因素的影响。一方面，供应链企业提供金融类服务（如保理、贷款等）时，将面临不同的外生风险，或对经营产生影响；另一方面，供应链金融业务嵌入企业经营业务（应收账款融资、库存融资以及预付账款项融资模式），或导致经营及财务状况存在一定的内生风险。

一、供应链金融外生风险

供应链金融外生风险是指外部经济周期、金融环境以及政策等因素的变化对供应链金融造成的影响。这些风险主要包括以下几类。

（一）宏观经济周期

市场经济的运行轨迹具有明显的周期性，繁荣和衰退交替出现，这种宏观经济的周期性变化，使供应链的经营风险加大了。尤其在经济出现下行或衰退时，市场需求疲软，供应链中企业面临生存经营困难，甚至破产等问题。

（二）政策监管环境

传统金融活动主要由商业银行等金融机构主导，随着市场的快速发展以及企业的迫切扩张，为满足市场业务发展需求，金融工具得到不断创新。同时，在政策的允许下，非金融类企业在取得相应资质后可经营金融类业务，并受到相关法律及监管条例约束，例如供应链贸易企业可从事保理、贷款及融资租赁业务。一旦政策监管环境发生变化，或对企业提供金融业务的监管力度加大或约束范围扩大，将对供应链金融活动产生不利影响。

（三）金融环境

金融环境的变化，如利率、汇率、信贷政策等，都会对供应链的运营产生影响。供应链金融业务的主要利润来源是息差收入，当供应链企业获取的融资成本远小于其从事供应链金融业务所获得的利息收入时，供应链金融业务的利润空间就较大。一旦市场流动性偏紧，金融环境恶化导致资金成本上涨，供应链金融业务融资费用增加，尤其在市场利率出现较大波动的情况下，供应链金融业务利润会收缩，甚至造成供应链各环节企业资金紧张，融资款项无法收回。

（四）产业组织环境

产业特征是对供应链活动有重要影响的因素之一。在集中度高的产业之中，大多数企业都掌握着较为广泛的资源，能够完成技术进步与技术创新活动；而在集中度较低的产业之中，企业控制的资源相对较少，为了获取市场，提高市场控制力，企业往往会进行横向和纵向的资源整合。因此环境的产业特征是决定企业服务类型的重要因素。特别是在供应链金融活动中，越接近完全竞争的产业，其企业规模相对越小，产品同质性越高，价格控制能力越低，信贷的风险相对越高。

二、供应链金融内生风险

供应链内生风险是指供应链运行和组建不当所产生的风险，主要表现在内在结构、流程和管理要素等方面出现问题。

（一）供应链结构分析

供应链结构分析主要是对企业供应链的组织方式和各自的空间位置进行分析，例如一个企业的供应链是如何构成的，采用什么样的方式，供应链参与者以及供应链金融的推动者所处的位置和发挥的作用是什么。供应链的结构是开展供应链金融的基础，如果供应链结构设计有问题，供应链金融活动就会存在巨大的风险。

（二）供应链流程分析

除了技术上的信息系统和网络平台的支持外，供应链金融的高效和持久运作还依赖于综合需求、客户关系管理、供应商关系管理、物流服务传递管理、复合型的能力管理、资金和融资管理等主要流程的整合与协调。要想达到有效控制客户需求、生产过程和供应商绩效的目的，所有上述要点都是需要评价的关键流程，否则供应链流程上的失误就会导致供应链金融的巨大风险。

（三）供应链管理要素分析

供应链运营的水平以及流程的顺畅性还与供应链的组织管理能力密切相关。组织管理能力越强，供应链越趋于稳定，运营的质量越高；反之，即使初始的供应链结构和流程设计较好，之后也会产生诸多问题。供应链管理要素一般可以归纳为两类：一类是物质和技术方面，包括有形的、可测的和容易改变的部分；另一类是管理和行为方面，这些是无形的，通常是不易评估和改变的。

第三节　供应链金融风险的识别

供应链金融利用供应链各主体利益的共同点为链上的中小企业融资，其设计及结构有极强的可行性和科学性，大大降低了融资企业的违约风险。但是，在实践中，由于多样的参与主体、灵活的融资模式以及复杂的契约关系，造成供应链金融在实际运营中存在一定的风险，在实操中要特别注意识别以下风险。

一、核心企业的道德风险

由于核心企业在供应链中大都处于主导的地位，因此其成为供应链金融在运行期间风险的核心变量。核心企业的道德风险使得其由风险的控制者转变为系统风险的“源泉”。核心企业通常是行业龙头，资金雄厚，实力和规模较大。核心企业通过为上下游中小企业提供担保等方式，帮助中小企业获得银行贷款。由于核心企业是供应链中物流和资金流的枢纽，银行在贷前及贷后环节通过从核心企业获取的综合信息和供应链成员的交互信息，如交易规模、交易条件、结算方式以及信用记录等，间接掌握供应链成员企业的经营状况、资信状况等关键性信贷决策依据指标。

核心企业是供应链上下游中小企业开展生产活动和贸易活动的依托，核心企业的信用水平直接决定了应收账款的可回收性及存货价值变现能力。如果核心企业急功近利，仅仅注重一时的效益，利用其优势地位，在与上下游中小企业的业务谈判中尽量选择有利于自己的方式，例如压低价格、缩短交货期、延长付款时限、提前预付款时间等，仍将导致中小企业资金紧张；即便中小企业通过融资使资金紧张情况得以缓解，核心企业仍可能会变本加厉进一步挤占其资金。当中小企业的债务负担不断积累达到较难承受的边缘，将造成整个供应链链条的不稳定，从而产生风险。

二、中小企业的信用风险

供应链金融的主要服务对象是中小企业，其违约的风险较大，原因在于：一是中小企业规模小、实力薄弱，能够抵押的优良资产较少，较少有实力雄厚、资信状况好的企业为其提供担保；二是中小企业一般缺少核心技术，产品技术含量不足，盈利能力较差；三是中小企业一般财务管理水平不高，信息披露的真实性和完整性不够，监管难度和成本高。在供应链金融模式下，银行围绕核心企业向中小企业提供融资服务，由于其资金需求源于对核心企业的应收、预付以及交易需求，其还款的来源是与核心企业交易的现金流，核心企业的资信状况提升了中小企业的信用水平。因此，供应链金融的中小企业信用风险在实际操作中一般能够得以锁定。

三、物流企业的渎职风险

随着第三方物流业务的发展，企业生产和交易的每一个环节几乎都离不开物流企业，其负责货物运输、储存、监管以及各种手续的办理，成为供应链上下游企业的桥梁和纽带。在供应链金融业务的开展过程中，货物形式的监管标的、订单形式的需求信息、担保形式的金融服务等都通过物流企业在供应链上层层传递，其利用自身信用及对供应链的控制能力保障着供应链金融的顺利进行。在这种情况下，物流企业的资质及信用影响着供应链金融的有序循环。如果物流企业出现监管不力、与核心企业出现矛盾或与融资企业合谋诈骗等情况，将严重影响供应链各环节的衔接以及质押货物的安全，大大增加供应链金融的风险，严重时会直接中断融资业务的顺利开展。

四、物权担保的风险

供应链金融服务中，商业银行等金融机构以真实的贸易活动为基础，根据核心企业和整个供应链的资信评估向融资企业提供资金，通过对交易过程中物流、资金流的控制确保资金的安全。供应链金融服务过程大大弱化了对融资主体的资格审查，降低了授信的门槛。在这种情况下，银行必须强化信用评级，重视动产担保物权。应收账款、存货以及预付账款等广义动产不仅是供应链金融业务授信的支持性资产，而且是贷款的还款来源。市场需求变化、竞争加剧、质押商品的品牌或质量出现重大负面影响事件等因素，可能导致抵质押物的价值严重贬值，从而导致抵质押物变现价值低于银行授信敞口余额，或者抵质押物难以销售处置的风险。一旦选择不慎，银行就会丧失物权或还款来源，导致较高的信用风险。

五、操作风险

相对于传统的贷款业务，供应链金融的操作风险较高，主要原因在于以下两点。一是供应链金融参与主体较多，每个主体相互独立又彼此联系，银行需要协调各参与主体的关系，保证物流、资金流以及信息流的安全与通畅。由于供应链服务范围不断扩大，规模日趋增加，因此信息传递错误的概率也会不断增加。二是供应链金融服务需求多样化较强，需要根据每项业务量身定做贷款流程，不同业务的单据审核、资金货物的监控等内容均不相同，这在无形中增加了操作业务的复杂性。在这种情况下，如果银行对供应链金融运作过程中的契约设计存在问题或者不完善，不能准确管理和把握相关人员、资产和信息，将会带来较大的风险，包括融资企业为获得贷款而对企业的财务报表数据进行造假的风险，由于银行内部人员的工作失误乃至蓄意行为或者与融资企业的内外勾结导致的风险等。

第四节　供应链金融风险的评估

一、定性分析

定性分析是供应链金融风险管理中常用的一种方法，主要通过对风险的主观判断和定性描述来进行风险评估。

首先，我们要收集相关的风险数据和信息，包括供应链金融中的各类风险，如市场风险、信用风险、流动性风险等。通过对这些风险的收集和整理，我们可以获得风险的基本信息和特征。然后，我们将根据收集到的风险数据和信息，采用专家访谈、问卷调查等方式，对风险进行主观判断和定性描述。通过与专业人士和相关从业人员的交流和讨论，我们可以获得他们对风险的看法和评估。在进行定性分析时，我们将借助一些常用的分析工具和方法，如 SWOT 分析、矩阵分析等。通过对风险的优势、劣势、机会和威胁进行分析，我们可以评估风险的影响程度和可能性。最后，根据定性分析的结果，对供应链金融风险进行分类和排序。我们将风险按照其影响程度和可能性进行划分，并对不同风险进行优先级排序，为后续的风险管理提供依据。

二、定量分析

在供应链金融风险管理中，定量分析是指通过运用数学和统计学的工具，以实际数据作为依据，对供应链金融风险进行量化评估。定量分析可以帮助决策者更准确地了解供应链金融风险的大小、程度和变化趋势，为其提供科学有效的决策依据。

在定量分析过程中，首先需要选择合适的指标来衡量供应链金融风险。常见的指标包括风险值、风险损失、风险概率等。这些指标能够量化表达供应链金融风险的不确定性和损失情况。其次，需要收集和整理相关数据。这些数据可以来自各个环节的供应链金融活动，如供应商支付能力、贸易融资比例、供应链金融服务利用率等。对这些数据进行收集和整理，可以建立供应链金融风险的数据样本，为后续的数据分析提供基础。接下来，需要运用各种统计方法和模型来对数据进行处理和分析。常用的统计方法包括回归分析、相关系数分析、趋势分析等，这些方法可以帮助分析人员发现数据背后的规律和关联性。同时，定量分析还可以通过建立预测模型来预测供应链金融风险的未来趋势和可能的变化。最后，需要对分析结果进行解读和评估。对定量分析的结果进行解读，可以得出供应链金融风险的具体数值和趋势，以及可能的影响因素。定量分析还可以帮助决策者评估不同的管理和控制策略对供应链金融风险的影响程度，为其制定合理的风险管理策略提供依据。

三、综合评估

供应链金融风险的综合评估是保证供应链金融风险管理有效性的重要环节。综合评估旨在综合分析和评估供应链金融风险的程度、影响程度和发生概率，以及采取的风险管理措施的有效性。综合评估是将定性分析和定量分析的结果进行综合，得出综合评估值，评价供应链金融风险的整体状况。综合评估可以根据不同的评价指标和权重进行多维度、多角度的评估，以了解供应链金融风险的全貌。在综合评估的过程中，还可以对不同风险管理措施的效果进行评估，为企业提供供应链金融风险管理的优化建议。

通过对供应链金融风险的综合评估，企业可以更加全面地了解供应链金融风险的现状和影响因素，有助于制定科学有效的风险管理策略。综合评估还可以帮助企业评估已采取的风险管理措施的效果，发现潜在的风险隐患，进一步提升供应链金融风险管理的水平，降低企业的风险损失。因此，供应链金融风险的综合评估是保证供应链金融风险管理有效性的核心环节。

第五节　供应链金融风险的管理策略

风险管理策略是指企业根据自身条件和外部环境，围绕企业发展战略，确定风险偏好、风险承受度、风险管理有效性标准，选择风险承担、风险规避、风险转移、风险转换、风险对冲、风险补偿、风险控制等适合的风险管理工具的总体策略，并确定风险管理所需人力和财力资源的配置原则。本节重点介绍供应链金融风险管理策略中的风险控制、风险转移、风险对冲策略。

一、风险控制

风险控制是最基本的风险管理手段之一。它通过提前识别和预测可能发生的风险，采取相应的措施来减少风险的可能性。例如，企业可以建立完善的风险预警机制，及时掌握供应链金融风险的动态，为决策提供准确的信息支持。此外，企业可以制定风险管理规范和制度，明确责任和权限，加强内部控制，降低风险的发生概率。供应链金融的风险控制原则一般遵循以下“七化”原则。

（一）业务闭合化

业务闭合化指的是供应链运营中价值的设计、价值的实现、价值的传递能形成完整、循环的闭合系统，一旦某一环没有实现有效整合，就有可能产生潜在风险。供应链金融的业务逻辑是闭合逻辑，首尾相接，形成环路，最大化地提高效率，减少成本，这也是供应链金融运行的首要条件。

供应链金融活动是基于生态网络结构的金融性活动，网络中涉及诸多的参与主体，如供应链上的成员（上下游、第三方等）、交易平台服务提供者、综合风险管理者以及流动性提供者等，如果某一主体缺失，或者没有能够起到预期的作用，业务的闭合性就会产生问题。

（二）交易信息化

交易信息化指的是将企业内部跨职能以及企业之间跨组织产生的商流、物流、信息流、人流等各类信息，能及时、有效、完整地反映或获取，并且通过一定的技术手段清洗、整合、挖掘数据，以便更好地掌握供应链运营状态，使金融风险得以控制。信息化的核心在于通过信息技术支撑业务、联通业务，实现信息在线化，在实体企业与金融机构之间架起“可信数字化”桥梁。

（三）收入自偿化

收入自偿化是指供应链金融活动中所有可能的费用、风险等能够以确定的供应链收益或者未来收益覆盖。一旦供应链金融丧失了自偿原则，就很容易出现较大的金融风险。而决定自偿原则的因素包括供应链运营中相应的货物、要素的变现能力。在供应链金融运营互联网化、网络化的条件下，不仅要静态地考察货物、要素的变现，还要动态地分析影响变现和收益的时空要素。

（四）管理垂直化

管理垂直化意味着为了达到责任明确、流程可控等目标，而对供应链活动实施有效的专业化管理，并且相互制衡，互不重复或重叠。为了实现这一原则，需要在管理体系上做到“四个分离”：业务审批与业务操作相互制约、彼此分离；交易运作和物流监管分离；开发（金融业务的开拓）、操作（金融业务的实施）、巡查（金融贸易活动的监管）分离；经营单位与企业总部审议分离。

（五）声誉资产化

在供应链金融创新中，声誉代表了企业在从事或参与供应链及其金融活动中的能力或责任。这一状态是促进金融活动稳定、持续发展，防范风险的重要保障。为了实现上述目标，在声誉资产化评估中，需要更加全面、系统、客观地反映借款企业的综合声誉和信用，这包括对借款企业基本素质、偿债能力、营运能力、盈利能力、创新能力、成长能力、信用记录以及行业状况等影响因素的综合考察评价。

（六）风险结构化

风险结构化指的是在开展供应链金融业务过程中，能合理地设计业务结构，并且能采用各种有效手段或组合化解可能存在的风险和不确定性。风险结构化要注意两点。一是针对不同的风险来源，降低风险的手段和途径是具有差异性的。供应链金融是供应链风险和金融风险的双重叠加，具有高度的复杂性，因此，在结构化分散风险的过程中，必然需要多种不同形态的手段和要素。显然，针对不同状态的风险类型，需要采用多种手段加以弥补，并且还需要考虑这些手段的组合效应。二是尽管存在着各种化解、分散风险的手段，但是应当看到不同手段和要素的重要程度和风险分散能力是不尽一致的，也就是说风险手段存在着优先级。例如，在特定的供应链金融业务中，保险可以作为分散风险的手段之一，但是往往不能成为化解风险的最后或唯一方式。甚至作为担保方的主体也存在着优先顺序，这是因为不同主体的信用状况具有较大的差异，自身的经营历史、文化、对法规和契约精神的理解都会影响其对风险出现之后的应对方式。

（七）去中心化

去中心化是通过对供应链的闭环管控，实现资金在以融资方为中心构建的生态圈内循环，将还款来源从下游向下游的下游延伸，直至终端消费者。采用区块链技术，通过其去中心化的账本特性，可以减少传统供应链金融中的中间环节和信任问题。所有参与方都可以共享同一个账本，实时记录和验证交易信息，确保所有参与者的数据一致和可追溯。这样，供应链金融的各种信息，如订单、发货、收款等，都可以被可信地记录和审计，减少了繁杂的沟通和管理环节。

二、风险转移

（一）风险分散

风险分散是供应链金融风险管理的一种重要方法。风险分散可以减少供应链金融系统的集中风险。在传统金融体系中，往往有少数的金融机构或企业集中承担着大部分的风险，一旦这些金融机构或企业发生风险问题，将对整个金融体系产生严重冲击。而供应链金融系统中的风险分散可以将风险分散到更多的参与方或项目，从而降低整个系统的集中风险，增强系统的韧性和抗风险能力。

风险分散可以促进供应链金融市场的发展。在传统金融体系中，由于风险集中在少数金融机构或企业身上，导致市场上的其他参与方难以获得融资机会。而风险分散可以将风险分散到更多的参与方，使得更多的参与方能够获得融资机会，从而促进了供应链金融市场的发展。

供应链金融风险分散可以通过多样化的融资渠道来实现。例如，通过不同的金融机构，如银行、保险公司、证券公司等，来提供融资服务，将风险分散到不同的机构中。此外，还可以通过区域分散或产业链分散来实现风险的分散。例如在不同地区或不同产业中进行融资，从而降低整个供应链金融系统的风险。

（二）风险保险

风险保险是供应链金融风险转移策略的一种工具，具有承担风险损失的功能。风险保险是指企业通过向保险公司支付一定的保险费，将某些特定风险转嫁给保险公司，以获得相应的保险赔偿。在供应链金融风险管理中，企业可以购买供应链金融风险保险来降低风险对其经营活动的负面影响。风险保险可覆盖的风险范围广泛，包括供应链金融交易风险、信用风险、物流风险、市场风险等。

风险保险的运作方式主要分为以下几个步骤。首先，企业根据自身的风险情况和需求，选择相应的保险产品以及保险公司。其次，企业与保险公司签订保险合同，约定保险金额、保险期限、保险费率等相关条款。然后，企业按约定向保险公司支付保险费。在保险期限内，如果发生约定的风险事件，企业可以向保险公司提出保险赔偿申请。最后，保险公司对申请进行审核，并根据保险合同的约定进行赔付。

风险保险在供应链金融风险管理中具有一定的优势和作用。首先，风险保险可以帮助企业降低风险损失，减少经营风险。当企业遭受风险损失时，保险公司可以按照保险合同的约定进行赔付，减轻企业的经济负担。其次，风险保险可以增加企业的融资渠道和融资能力。通过购买风险保险，企业可以提高供应链金融交易的可靠性，吸引更多金融机构的参与，从而获得更多的融资支持。另外，风险保险还可以提高企业的信誉和声誉，增强企业在供应链金融市场的竞争力。

三、风险对冲

风险对冲是指通过投资或购买与标的资产收益波动负相关的某种资产或衍生产品，来冲销标的资产潜在的风险损失的一种风险管理策略。

在供应链金融中，通过购买或卖出风险衍生品，企业可以对冲来自供应链金融的风险。例如，企业可以购买保险期权来保护自己免受价格波动的影响，或者购买货币期权来对冲汇率风险。风险衍生品还可以用于套利交易。企业可以通过风险衍生品来获取套利机会，从而实现风险转移。例如，企业可以通过同时进行空头和多头交易，从中获取套利收益。

在使用风险衍生品进行供应链金融风险管理时，企业需要充分了解风险衍生品的特点和市场运作情况，谨慎选择适合自身的风险衍生品合约，避免潜在风险。企业还需要合理控制风险衍生品的数量和使用频率，确保风险衍生品的使用符合企业的风险承受能力和战略目标。此外，企业还应与专业机构合作，共同监测风险衍生品市场的动态，及时调整风险管理策略，以保证供应链金融风险的有效管理。

第六节 供应链金融典型模式的风险防范

一、基于应收账款供应链金融的风险防范

在供应链金融中，基于应收账款的融资模式被广泛应用。它利用核心企业的信用优势，通过与供应商签订应收账款转让合同，将应收账款转让给金融机构，从而获取资金支持。这种模式面临着一系列的风险。在实际操作中，应该注意识别和防范以下几个风险点。

（一）融资企业的经营状况

应收账款融资模式下，融资企业的资信状况由于核心企业的信用担保与传统业务相比变得不是特别重要，但融资企业的生产经营状况直接关系着整个供应链的正常运行，关系着供应链金融业务的持续性和风险性。商业银行在授信审核时应重点考察融资企业借款的原因、企业的发展状况、企业的经营绩效、技术情况及产品竞争力、履约记录及能力、核心企业对

该企业的依赖程度等。

（二）核心企业的资信状况

应收账款融资模式下，核心企业是银行贷款得以顺利回收的最为重要的保障，其规模实力以及信用状况直接关系到风险的大小。商业银行在授信审核时重点考察核心企业在整个行业中的地位及市场份额、企业规模与实力、股权结构、主营业务收益、资产负债情况、信用记录、发展前景以及核心企业对银行的协助能力等。

（三）应收账款的质量

应收账款融资模式下，应收账款是融资企业向银行借款的质押物，其质量的好坏关系到风险的大小。商业银行在授信审核时需重点考察以下几点：一是应收账款的真实性，核心企业与融资企业的交易是否真实存在，相关合同以及票据是否真实，应收账款是否得到核心企业的承认，相关票据有没有承兑，应收账款的要素是否明确具体等；二是应收账款的合法性，即双方签订的买卖合同是否符合《民法典》的相关规定，各民事主体是否符合法律所承认的资格，应收账款有没有超过法律规定的诉讼时效以及是否多次质押等；三是应收账款的可转让性，即债权债务双方是否允许应收账款转让，有无双方约定或者法定的禁止转让的事实存在等。

（四）供应链的整体状况

供应链是供应链金融得以开展的基础，其状况的好坏对于供应链金融风险意义重大。商业银行在授信审核时需重点考察供应链所在行业的成熟度及特点，供应链的长度以及资金流状况，供应链上企业之间的关联程度、合作时间、交易频率，信息共享程度以及核心企业对于上下游企业的管理能力等。

二、基于存货供应链金融的风险防范

在供应链金融中，基于存货的供应链金融是一种常见的模式。它通过将存货作为质押物或抵押物，向核心企业提供融资支持。存货作为一种重要的资产，不仅直接关系到企业的运营和盈利能力，也是供应链金融中的重要风险来源。

基于存货供应链金融的风险主要包括存货质量风险、库存周转风险和存货市场风险。存货质量风险是指存货存在过期、损坏和滞销等问题，导致其无法回收或价值下降，从而增加了供应链金融的风险。如果供应链金融机构无法准确评估存货质量，无法及时发现存货质量问题，则有可能无法追回融资款项或面临较高的风险。库存周转风险是指企业的库存周转率较低，存货处于堆积和积压状态，导致供应链金融机构面临的风险增加。存货市场风险是指存货市场价格的波动带来的风险。如果存货市场价格波动较大，核心企业的融资成本会增加，供应链金融机构的收益也会受到影响。

针对以上可能存在的风险，主要防范措施如下。

（1）供应链金融机构应对存货质量进行准确评估，确保存货的质量符合融资要求。

（2）供应链金融机构应关注企业的库存周转率，及时发现存货堆积和积压的情况，并采取相应的风险控制措施。

（3）供应链金融机构应密切关注存货市场价格波动，及时调整融资方案，降低风险损失。

三、基于预付账款供应链金融的风险防范

基于预付账款的供应链金融模式是现代供应链金融体系中的一种重要形式。供应链中的核心企业会提前支付给配套企业一定比例的资金作为货款，以确保供应链上游企业稳定运行。这种模式能够提前给予配套企业资金支持，加强了企业之间的合作关系，促进了供应链的顺畅运转。

然而，基于预付账款的供应链金融模式也存在一些风险。首先，核心企业在支付预付账款时，需要面临资金的巨大压力。如果核心企业的资金状况不稳定，它可能无法按时支付预付账款，导致整个供应链的停滞甚至崩溃。其次，核心企业支付预付账款的金额一般都较大，这就需要核心企

业对配套企业进行严格的评估和筛选，以确保合作的安全性。此外，基于预付账款的供应链金融模式还存在信用风险。如果配套企业在获取预付账款后无法按时交付货物或者提供合格的服务，这将对核心企业的生产进度和产品质量产生不利影响，同时也会对供应链整体运作产生不利影响。由于资金已经提前支付，一旦出现问题，核心企业可能会产生巨大的经济损失。因此，信用风险管理成为基于预付账款的供应链金融模式中的关键问题。

针对以上存在的风险，主要防范措施如下。

（1）核心企业必须加强对配套企业的信用评估，筛选出可靠且具备稳定生产能力的供应商。通过建立完善的供应商数据库，核心企业可以及时监控和评估每个供应商的信用状况，确保选择合适的供应商，降低信用风险。

（2）核心企业还应加强与供应商之间的合作和沟通，与之建立稳定和长期的合作关系。通过与供应商建立合作伙伴关系，核心企业可以更好地了解供应商的生产状况、经营风险等，及时发现和应对潜在的风险。另外，建议核心企业在与配套企业签订合同时，明确合同中的约定和风险分担机制。合同应包括双方的权益和责任，明确双方在供应链金融模式中的角色和义务，有效避免因合同缺陷而导致的纠纷和争议。

第十一章　供应链金融未来发展展望

第一节　供应链金融发展面临的机遇

在当前全球化经济环境下，供应链金融作为一种新兴的金融服务方式，面临着许多机遇。随着全球贸易活动的不断增加，供应链金融有着广阔的市场空间。全球供应链贸易网络日益复杂，传统的金融服务模式已无法满足各方的需求，供应链金融能够通过整合金融与物流等资源，提供多种融资和结算工具，有效缓解供应链中的资金瓶颈问题，满足各方的融资需求。

技术的快速发展也为供应链金融提供了良好的机遇。互联网、大数据、人工智能等技术的应用，使得供应链金融能够更加高效地进行风险评估、资金管理和交易处理等方面的操作。例如，通过大数据分析，供应链金融机构可以更准确地评估供应商的信用风险，为核心企业提供可靠的供应链金融服务；互联网技术的应用也使得供应链金融在资金结算和流程处理等方面更加便捷，提高了操作效率。

供应链金融的发展还受益于政策环境的积极支持。许多国家和地区都出台了相关政策和法规，鼓励和支持供应链金融的发展。这些政策包括降低金融机构的准入门槛、提供资金补贴和优惠税收政策等。政策的支持不仅为供应链金融的发展提供了良好的环境，还增强了企业对该领域的信心，促使企业对该领域加大投入。

总的来说，供应链金融未来的发展面临着较多的机遇。全球化贸易增长、技术发展和政策支持等因素都为供应链金融带来了更多的发展空间和机会，有效利用这些机遇，不断创新与突破，将有助于推动供应链金融行业朝着更加健康、可持续的方向发展。

第二节　供应链金融发展面临的挑战

供应链金融在发展的过程中，也面临着一些挑战。

一、信息不对称的挑战

在供应链金融中，供应链的各个参与方拥有不同的信息，这使得风险评估和信用评级变得困难。例如，供应商可能掌握着自己的供应链数据，但银行在借款申请中却无法直接获取这些信息。因此，如何解决信息不对称问题，提高信息共享和透明度，是一个亟待解决的挑战。

二、风险管理的挑战

供应链金融涉及多个环节，其中的风险也相应增加。例如，供应商的资金周转问题、供应链中的不可控因素等都可能对供应链金融业务产生影响。因此，如何建立健全的风险管理机制，有效控制供应链金融业务中的各种风险，是关键的挑战之一。

三、法律和监管环境变化的挑战

随着供应链金融的快速发展，监管机构对该行业的监管要求也在不断增加。如何遵守相关法律法规，履行合规责任，成为供应链金融机构面临的一项重要挑战。同时，供应链金融在跨境业务方面也面临着更加复杂的法律和监管环境要求，如海关、货币管制、外汇管理等。因此，在不断变化的法律和监管环境中，适应变化、保持合规将是供应链金融业务发展中的重要挑战。

四、技术和创新的挑战

随着科技的不断进步，供应链金融也在不断引入新的技术，不断创新，以提高效率和降低成本。但与此同时，技术的引入也带来了新的挑战。例如，数据安全和隐私保护、人工智能与信用评估模型的应用等都是亟待解决的问题。因此，如何合理利用新技术和创新，克服相关挑战，将是供应链金融业务发展过程中需要关注的重要议题。

第三节　供应链金融的数字化发展

数字化的浪潮正在席卷全球，数字化是供应链产业链发展到新阶段的必然趋势，也是在国内外形势变化下的必然选择。通过数字技术将供应链金融运营中各经济主体和业务、资产和活动连接成一个互动互信的网络，形成“信任链”，这是建立数字信任的基础，也是供应链金融能持续发展的关键。同时以供应链金融为抓手，倒逼传统产业链整体数字化，有利于产业数字化的破局，最终以融促产、以产促融，构建产融一体化生态。而随着数据被定义为第五生产要素，数据资产入表，产业数据化所形成的数据金矿将使得数据产业化成为可能，为企业在数字经济时代打开第二增长曲线。

2021 年年底，中国人民银行印发了《金融科技发展规划（2022—2025 年）》。该规划强调，未来几年，要高质量推进金融数字化转型，健全适应数字经济发展的现代金融体系；要坚持“数字驱动、智慧为民、绿色低碳、公平普惠”的发展原则，以加强金融数据要素应用为基础，以深化金融供给侧结构性改革为目标，以加快金融机构数字化转型、强化金融科技审慎监管为主线，将数字元素注入金融服务全流程，将数字思维贯穿业务运营全链条，注重金融创新的科技驱动和数据赋能，推动我国金融科技从“立柱架梁”全面迈入“积厚成势”新阶段，力争到2025年实现整体水平与核心竞争力跨越式提升。

2022年1月，国务院印发《“十四五”数字经济发展规划》，明确了“十四五”时期推动我国数字经济健康发展的任务和目标，提出到2025年，数字经济迈向全面扩展期，数字经济核心产业增加值占GDP比重达到10%，数字化创新引领发展能力大幅提升，智能化水平明显提高，数字技术与实体经济融合取得显著成效，数字经济治理体系更加完善，我国数字经济竞争力和影响力稳步提升。

供应链数字化转型已经成为企业增强竞争力和降低成本的必选方案，而标准化则是实现成功转型的必要手段之一。为此，国家市场监督管理总局和国家标准化管理委员会联合发布了新的国家标准文件——《信息化和工业化融合管理体系 供应链数字化管理指南》（GB/T 23050–2022），该标准于2023年5月1日起生效。该标准从供应链战略规划、角色分工、业务运作、数据开发、技术应用等问题出发，提供了包括体系设计、业务管理、协同运营、生态构建、风险预测与处置、绩效监测与优化等方面的指导意见。这将有助于企业更好地应对未来的挑战，提高供应链数字化水平。通过遵循国际标准化的规范和标准，企业可以实现不同领域之间的互通和协作，打造具有全球竞争力的供应链。同时，标准化也可以降低企业数字化转型中的风险和成本，提高数字化转型的成功率。这些文件的出台将有助于企业更好地进行供应链数字化转型，提高数字化水平，降低风险和成本，在未来的产业竞争中取得更为优异的成绩。

第四节　供应链金融的智慧化发展

智慧供应链金融是利用以大数据、云计算、物联网、人工智能和区块链等为代表的现代信息技术对传统供应链金融业务进行再造而产生的新业务形态。现阶段供应链金融的智慧化已成为最新的发展趋势。

一、智慧供应链金融的特征

（一）现代信息技术的融合性

不同技术本身具有差异化的特性和功能，同时供应链的各个环节对技术赋能提出了不同的要求。因此，现代信息技术之间要针对不同的阶段和环节进行协调配合，通过综合运用以充分发挥对供应链及供应链金融的赋能作用。

（二）智慧化平台推动

利用技术搭建供应链金融平台，将众多供应链企业、金融机构和第三方服务商进行对接，实现多方资源的高效整合，提高供应链金融服务的效率。

（三）精细化服务

由于各行业具有不同的商业模式，各企业面临着不同的资金困境，供应链金融利用技术对不同行业属性和企业特质的资金需求进行分析，为企业提供定制化的供应链金融服务方案，并由此带动供应链金融产品的创新。

智慧供应链金融作为金融领域的一项重要创新，需要在促进经济发展的同时，不断创新和深化，为供应链金融这个重要领域带来更大的发展潜力，同时为经济发展带来更加可靠和更具安全性的保障。

二、建设智慧供应链金融的优势

（一）提高供应链金融的效率

利用物联网技术，可以实现对供应链上各个环节的实时监控和管理，从而实现供应链金融的快速处理和决策。同时，利用云计算和大数据分析技术，可以对供应链金融的各项数据进行快速分析和挖掘，提供准确的决策支持，进一步提高供应链金融的效率。

（二）增强供应链金融的风险控制能力

利用智慧化技术，可以对供应链金融中的风险进行实时监测和评估，及时发现和预警风险，降低供应链金融的风险损失。同时，利用大数据分析技术，可以对供应链金融中的风险因素进行深入分析和研究，为风险控制提供科学依据和方法。

（三）提升供应链金融的服务水平和用户体验

利用智能化技术，可以实现对供应链金融用户的个性化需求和实时服务的满足，提供更加便捷和高效的金融服务。同时，利用大数据分析技术，可以对供应链金融用户的行为和偏好进行分析和挖掘，为用户提供个性化的金融产品和服务。

第五节　供应链金融的生态化发展

在供应链金融业务发展的趋势展望中，实现产业生态和金融生态的融合被认为是未来发展的必由之路。产业生态是指一个产业内各个参与方之间的相互依存、互相支持的关系网络，而金融生态则是指不同金融机构和金融服务提供者之间的协同与互动关系。两者的融合能够促进产业发展和金融创新，为供应链金融提供更加健康、稳定和可持续的发展环境。

生态化是要把关联方形成一个共生系统。通俗地讲，就是要改变以往单纯竞争的思维模式，转而形成一种既有竞争又有合作的协同发展思维。那么，这样的生态系统应该如何搭建呢？第一，要识别生态系统中的所有成员，弄清楚每一个客户的商业模式是什么，它的价值是什么。此外还要考虑，它有没有帮助实现价值的技能。第二，理解生态系统中的经济规律。仅知晓价值不一定就能实现价值，还要知道价值的内容是什么，没有体系化的认知，哪怕有一个好的想法，也没有办法落地。第三，要知道未来的趋势和动态的变化。因为任何模式都是有风险的，要弄清楚风险从哪里来，如何量化风险，怎么根据风险来定价，如何管理风险。目前在生态化建设的过程中，有两点需要关注。一是围绕产业供应链运行的行业规范、标准，特别是合约、函证等各类要素标准的建立。一旦行业不能形成规范和标准，供应链主体之间的合作必然是空谈。二是如何给予中小企业、民营企业更好的发展环境和支撑。关注这些企业的发展，特别是给予它们必要的帮助和支持，也是生态建设的重要一环。

实现产业生态和金融生态的融合可以促进供应链金融的创新。在传统的供应链金融中，金融机构主要扮演的是资金提供者和资金结算者的角色，而随着供应链金融技术的发展和应用，金融机构能够在供应链的各个环节提供更多的金融服务。通过与产业方合作，金融机构可以更好地了解供应链的实际情况，提供个性化的金融产品和服务，满足企业和个体的不同需求。金融机构还可以借助产业方的资源和优势，推动供应链的升级和智能化。这种融合将促进供应链金融的创新，推动业务模式的变革，为企业提供更加灵活和高效的融资解决方案。

实现产业生态和金融生态的融合可以推动供应链金融的可持续发展。供应链金融的发展离不开产业的支持和推动，而金融机构的参与也能够为产业方提供更多的金融资源和支持。通过与金融机构合作，产业方可以更好地解决融资难题，降低融资成本，提高运营效率。金融机构还可以通过风控和信用评估等手段，为产业方提供全面的风险管理和优质的金融服务。这种合作有助于构建供应链金融生态系统，促进产业发展和金融机构的稳健运营，实现双赢的局面。

实现产业生态和金融生态的融合还能够推动供应链金融的普惠和可持续发展。在传统的供应链金融中，由于信息不对称和融资需求的分散，小微企业往往面临融资困难和高成本的问题。而通过与产业方合作，金融机构可以更好地了解小微企业的实际情况，提供定制化的金融服务。通过运用金融科技手段，如区块链、大数据、人工智能等，金融机构能够降低运营成本，提高效率，进一步降低融资门槛，为小微企业提供更加便捷、灵活和可持续的金融服务。

第六节　供应链金融的国际化发展

随着全球经济一体化的深入发展，供应链金融作为一种新兴的金融模式，逐渐成为国际金融市场的热点话题。供应链金融的国际化走向具有重要意义，可以促进国际贸易的便利化和金融风险的有效控制，增强供应链整体的竞争力。

一、供应链金融的国际化可以促进国际贸易的便利化

传统的贸易融资模式存在着资金流动不畅、流程烦琐等问题，限制了跨国贸易的发展。而供应链金融通过整合各个环节的金融资源和信息，为供应链上的企业提供了更加便捷和灵活的融资服务，减少了中间环节的时间和成本，提高了交易效率。国际化的供应链金融可以打破国界的限制，为跨国贸易提供更加便利的金融支持，推动国际贸易的畅通。

二、供应链金融的国际化可以有效控制金融风险

国际贸易往往面临着贸易融资风险、信用风险、汇率风险等。供应链金融通过整合供应链上的各个环节，可以建立起全方位的风险控制机制；通过对供应链上的各个参与方进行信用评估和风险监控，可以及时发现和防范潜在的风险，降低贸易风险和金融风险的发生概率。国际化的供应链金融可以借助全球化的资源和信息网络，提供更加精准和全面的风险管理服务，为国际贸易提供更加安全和可靠的金融支持。

三、供应链金融的国际化可以增强供应链整体的竞争力

国际化的供应链金融可以连接全球范围内的供应链网络，实现全球供应链的整体优化和协同管理。提供全球化的供应链金融服务，可以吸引更多的国际资本和企业加入供应链，促进供应链的国际化和全球化发展，增强供应链的整体竞争力。

参考文献

[1]廖晨竹.供应链金融发展模式探析[J].科技经济导刊,2018(34):15-18.

[2]喻智健,白鹤菲.供应链金融典型模式比较分析[J].内蒙古科技与经济,2018(03):55+57.

[3]李小金.供应链金融交易结构与典型产品分析[J].齐齐哈尔大学学报(哲学社会科学版),2020(04):70-73.

[4]陈文雨.金融科技在供应链金融风险管理中的运用[J].经济技术协作信息,2022(8):54-56

[5]赵丽华,程小琴.金融科技赋能供应链金融发展[J].中国农业会计,2023,33(03):84-86.

[6]平宇可.大数据环境下供应链金融风险控制研究[D].呼和浩特:内蒙古大学,2019.

[7]李响玲.基于装备制造业的供应链金融业务研究——以中国银行为例[D].广州:暨南大学,2014.

[8]伍佩云.制造业中小企业供应链金融研究[D].北京:北京邮电大学,2021.

[9]田琨,史宪睿.制造业中小企业采用供应链金融的障碍分析[J].现代营销(学苑版),2021(10):144-145.

[10]孙瑾婕.供应链金融发展对中小企业融资约束的缓解效应[D].济南:山东大学,2018.

[11]王职营.大型制造业企业推进供应链金融业务的探索和实践[J].辽宁科技学院学报,2022,24(01):85-86+100.

[12]刘延辰.浅谈供应链金融融资模式的应用[J].青春岁月,2018(05):469.

[13] 索琪 . 信息化背景下基于供应链金融的商贸流通企业发展模式研究 [J]. 科学与信息化 , 2019(17): 139–141.
[14] 宋超 . 外贸综合服务中的融资与供应链金融服务分析 [J]. 国际公关 , 2020(02): 295.
[15] 毛雅菲 , 陈民伟 . 中小型第三方物流企业供应链金融业务模式风险分析 [J]. 当代经济 , 2019(12): 115–118.
[16] 李源 , 夏换 , 朱涤尘 . 供应链金融在物流企业业务的应用分析 [J]. 经济研究导刊 , 2019(26): 144–147.
[17] 胡旭微 , 王佳琪 . 物流企业供应链金融风险分析和防范对策——以顺丰控股为例 [J]. 物流工程与管理 , 2022, 44(02): 142–144.
[18] 杨权 .UPS 供应链金融发展对我国物流企业发展的启示 [J]. 广西质量监督导报 , 2020(07): 154–155.
[19] 注毅之 . 顺丰公司供应链金融模式的案例研究 [D]. 武汉 : 华中科技大学 , 2018.
[20] 谢文静 , 鲍新中 , 高鸽 . 基于电商平台的供应链金融 : 模式、典型案例与特征分析 [J]. 科技促进发展 , 2021, 17(14): 97–105.
[21] 张媛 . 电商平台供应链金融模式研究——以“京保贝”为例 [D]. 成都 : 西南财经大学 , 2019.
[22] 基于电商平台的供应链金融模式研究——以京东金融为例 [D]. 辽宁 : 东北财经大学 , 2019.
[23] 王卉 . 电商平台供应链金融盈利模式探究 [J]. 商场现代化 , 2022(11): 37–39.
[24] 彭娟 . 我国商业银行供应链金融研究 [D]. 北京 : 首都经济贸易大学 , 2011.
[25] 谭舟洋 . 商业银行供应链金融风险管理创新模式研究 [D]. 杭州 : 浙江大学 , 2018.
[26] 林远超 . 商业银行供应链金融风险控制措施探究 [J]. 财会学习 , 2022(30): 128–131.
[27] 花倩 . 我国商业银行供应链金融业务发展研究 [D]. 合肥 : 安徽大学 ,

2018.
[28] 徐超庆 . 供应链金融信用风险影响因素研究 [D]. 哈尔滨 : 哈尔滨商业大学 , 2022.
[29] 范堃 . 供应链金融风险控制研究 [D]. 青岛 : 中国海洋大学 , 2013.
[30] 赵成国 , 江文歆 . 金融生态视角下供应链金融风险管理体系构建 [J]. 财会通讯 , 2021(6): 130–133+171.
[31] 朱同江 , 陈思月 . 商业银行供应链金融风险管理 [J]. 时代金融 (下旬), 2018(01): 325–326.
[32] 游丽 . 商业银行供应链金融风险管理 [J]. 财富生活 , 2022(02): 13–15.
[33] 文柯达 . 供应链金融业务风险控制研究——以 C 公司为例 [D]. 成都 : 西南财经大学 , 2020.
[34] 张波 . 浅析供应链金融风险管理 [J]. 中国经贸 , 2022(4): 10–12.
[35] 张来勋 . 供应链金融发展思考 [J]. 合作经济与科技 , 2023(19): 57–59.
[36] 刘思文 . 商业银行发展供应链金融存在的问题及未来发展战略 [J]. 新商务周刊 , 2019(8): 114.
[37] 张洪瑞 . 供应链金融发展模式与策略分析 [J]. 投资与合作 , 2023(09): 16–18.
[38] 鲍新中 , 谢文静 , 陈柏彤 .B2B 电商平台供应链金融典型模式及其比较分析 [J]. 金融理论与实践 , 2020(03): 1–7.
[39] 付加慧 . 基于模糊综合评价法的大宗商品供应链金融信用风险研究 [D]. 苏州 : 苏州大学 , 2020.
[40] 邓正方 . 基于大宗商品交易的供应链金融运作模式研究 [D]. 广州 : 广东财经大学 , 2020.
[41] 安娜 . 大宗商品供应链金融运作模式及风险控制研究 [D]. 长春 : 吉林大学 , 2015.
[42] 赵晓丽 , 许东海 , 戴静超 , 等 . 商业银行供应链金融支持小微企业融资研究 [J]. 中国商论 , 2023(21): 117–120.
[43] 张正平 , 黄帆帆 , 卢欢 . 金融科技在农业供应链金融中的应用及完善 [J]. 银行家 , 2021(03): 124–126.

[44]孙悦婷. 金融科技在供应链金融风险管理中的应用研究 [J]. 金融文坛, 2023(09): 88–90.
[45]余章婕. 金融科技在供应链金融风险管理中的应用研究 [J]. 企业改革与管理, 2021(20): 116–117.
[46]丛鹏旭, 曾剑秋. 金融科技下供应链金融创新模式探究 [J]. 金融科技时代, 2022, 30(03): 51–55.
[47]钟文锋. 浅谈供应链融资在贸易流通企业的应用 [J]. 财会学习, 2019(33): 204–205.
[48]刘孺泾. 分析国际贸易供应链金融的几种常见融资方式 [J]. 财经界, 2021(11): 64–65.
[49]万潇如. 瑞茂通供应链金融模式及风险研究 [D]. 北京 : 北京工商大学, 2022.
[50]张丽萍, 刘波. 供应链金融中商业银行风险及管理策略 [J]. 银行家, 2019(07):88–90.
[51]李隋佳. 我国商业银行供应链金融模式下的多方共赢研究 [J]. 花炮科技与市场, 2020(01): 49.
[52]赵洋. 对我国商业银行供应链金融发展的探讨 [J]. 消费导刊, 2019(35): 186–187.
[53]蒋琪玥. 商业银行供应链金融风险管理的实施途径研究分析 [J]. 上海商业, 2022(07): 108–110.
[54]陈胜伟. 商业银行供应链金融模式与风险控制分析 [J]. 投资与创业, 2021, 32(21): 12–14.
[55]胡星, 刘欣. 探析商业银行推行供应链金融的问题与对策 [J]. 时代金融, 2016(26): 297+300.
[56]薛小飞. 商业银行绿色供应链金融的实践思考 : 模式、问题及对策 [J]. 新金融, 2022(03): 41–47.
[57]张永亮. 浅析供应链金融在我国商业银行的应用 [J]. 中国经贸导刊, 2022(02): 88–90.
[58]张勇军. 大型生产企业如何开启供应链金融创新之路 [J]. 营销界,

2019(52): 232–233+237.

[59] 李丽华 . 基于化工企业供应链金融的供应商链式融资策略——评《供应链金融》[J]. 电镀与精饰 , 2020, 42(07): 48–49.

[60] 苗成 . 造纸产业的供应链金融展望 [J]. 中华纸业 , 2019, 40(11): 69–73.

[61] 匡少攀 , 樊莉 . 核心企业供应链金融产品初探 [J]. 中国市场 , 2022(9): 175–177.

[62] 刘大成 . 供应链金融解企业“融资痛”[J]. 物流时代 , 2019(7): 33.

[63] 李锦兰 , 李成兰 . 使用供应链金融优化企业供应链管理 [J]. 经营者 , 2020(9): 261.

[64] 周凌 , 牟绍波 , 罗芯怡 . 供应链金融视角下成都市高端制造产业集群发展对策研究 [J]. 中国市场 , 2020(26): 7–9.

[65] 吴辉 . 制造企业发展战略浅析 [J]. 机械工业标准化与质量 , 2019(09): 48–51.

[66] 周凌 , 余木红 , 谢合明 , 等 . 后疫情形势下高端制造与供应链金融协同研究——以智能汽车制造为例 [J]. 中国市场 , 2021(17): 131–132+135.

[67] 杨艳琪 . 汽车制造业绿色供应链金融模式 [J]. 商业观察 , 2022(10): 47–49.

[68] 林平 . 供应链金融发展的广东实践 [J]. 中国金融 , 2021(24): 46–48.

[69] 王贵滨 . 企业供应链金融风险管理探讨 [J]. 中国市场 , 2020(12): 164+184.

[70] 柴正猛 , 黄轩 . 供应链金融风险管理研究综述 [J]. 管理现代化 , 2020, 40(02): 109–115.

[71] 余思明 . 企业集团供应链金融风险管理探讨 [J]. 当代会计 , 2020(18): 78–79.

[72] 朱晓燕 . 探索供应链金融风险管理工作关键点 [J]. 中国商论 , 2020(23): 117–118.

[73] 彭馨逸 . 供应链金融风险管理研究 [J]. 智库时代 , 2021(3): 26–28.

[74] 赵成国 , 江文歆 . 金融生态视角下供应链金融风险管理体系构建 [J]. 财会通讯 , 2021(5): 130–133+171.

[75] 刘铁正 . 商业银行供应链金融风险管理探讨 [J]. 中国市场 , 2020(27): 164–165.
[76] 山东银保监局 . 推动供应链金融创新发展 [J]. 中国金融 , 2021(3): 43–45.
[77] 高波 . 供应链金融创新发展探索 [J]. 中国金融 , 2021(24): 40–42.
[78] 陈绵绵 . 大数据背景下供应链金融发展前景 [J]. 农村经济与科技 , 2020, 31(18): 108–109.
[79] 李军 . 供应链金融在中国外运的高效运作与风险管理研究 [D]. 南京 : 东南大学 , 2016.
[80] 盛松成 , 龙玉 . 供应链金融前景可期 [J]. 中国经济报告 , 2016(11): 89–90.
[81] 朱正平 , 王慧玉 . 供应链金融对大连中小企业融资的发展前景分析 [J]. 内蒙古科技与经济 , 2021(08): 60–61.
[82] 李文江 , 张兵 . 物流企业的供应链金融问题研究——以徐州市为例 [J]. 物流工程与管理 , 2020, 42(02): 74–76.
[83] 刘熙筠 . 物流企业供应链金融模式及优化路径分析 [J]. 全国流通经济 , 2022(05): 43–45.
[84] 陈春珠 . 供应链金融平台的风险控制问题与对策 [J]. 中国市场 , 2019(27): 174–175.
[85] 吴东华 . 数字化提升供应链金融水平 [J]. 商场现代化 ,2024(05):51–53.
[86] 吴叶琪 . 创新金融产品助力农产品供应链水平提升 [N]. 中国农村信用合作报 , 2024-03-06(002).
[87] 云艳敏 . 商业银行供应链金融风险管理研究 [J]. 现代商业 , 2024(03): 134–137.
[88] 翟佳 , 左海静 , 王宇 . 公平和鲁棒视角下的供应链金融风险管理新举措 [J]. 市场周刊 , 2024, 37(04): 1–4.
[89] 宋华 , 韩思齐 , 刘文诣 . 数字化金融科技平台赋能的供应链金融模式——基于信息处理视角的双案例研究 [J]. 管理评论 , 2024, 36(01): 264–275.

[90] 李诗华, 张语涛. “一带一路”背景下跨境供应链金融风险预警实证研究 [J]. 对外经贸实务, 2024, 42(01): 81–85.

[91] 黄闵, 黄春艳. 广西供应链金融模式的双循环战略应用研究 [J]. 产业创新研究, 2024(01): 122–124.

[92] 齐亚博. 供应链金融缓解中小企业融资约束问题研究 [J]. 商展经济, 2024(01): 170–173.

[93] 王茹. 区块链技术推动中小微企业参与供应链金融 [J]. 财经界, 2024(01): 33–35.

[94] 孔春娇. 供应链金融对企业投资效率的影响研究 [D]. 济南: 山东财经大学, 2024.